일 본 어 능 력 시 험

딱!
한 권

JLPT
N3 문법

저자 JLPT연구모임

일 본 어 능 력 시 험

JLPT
N3 문법

초판발행	2021년 6월 12일
1판 2쇄	2025년 4월 20일
저자	JLPT연구모임
책임 편집	조은형, 김성은, 오은정, 무라야마 토시오
펴낸이	엄태상
해설진	한고운, 김수빈
디자인	권진희
조판	김성은
콘텐츠 제작	김선웅, 장형진
마케팅	이승욱, 왕성석, 노원준, 조성민, 이선민
경영기획	조성근, 최성훈, 김다미, 최수진, 오희연
물류	정종진, 윤덕현, 신승진, 구윤주
펴낸곳	시사일본어사(시사북스)
주소	서울시 종로구 자하문로 300 시사빌딩
주문 및 교재 문의	1588-1582
팩스	0502-989-9592
홈페이지	www.sisabooks.com
이메일	book_japanese@sisadream.com
등록일자	1977년 12월 24일
등록번호	제 300-2014-92호

ISBN 978-89-402-9322-5 (13730)

일본어능력시험은 N4와 N5에서는 주로 교실 내에서 배우는 기본적인 일본어를 어느 정도 이해할 수 있는 레벨인가를 측정하며, N1과 N2에서는 폭넓은 분야에서 일본어를 어느 정도 이해할 수 있는지, N3는 N1, N2와 N4, N5의 가교 역할을 하며 일상적인 장면에서 사용되는 일본어의 이해를 측정합니다. 일본어능력시험 레벨 인정의 목표는 '읽기', '듣기'와 같은 언어행동의 표현입니다. 언어행동을 표현하기 위해서는 문자·어휘·문법 등의 언어지식도 필요합니다. 즉, 어휘나 한자, 문법 항목의 무조건적인 암기가 아니라, 어휘나 한자, 문법 항목을 커뮤니케이션 수단으로서 실제로 활용할 수 있는가를 측정하는 것이 목표입니다.

본 교재는 新일본어능력시험 개정안에 따라 2010년부터 최근까지 새롭게 출제된 기출문제를 철저히 분석하여, 일본어 능력시험 초심자를 위한 상세한 설명과 다량의 확인문제를 수록하고, 중·고급 학습자들을 위해 난이도 있는 실전문제를 다루었습니다. 또한 혼자서도 충분히 합격할 수 있도록, 상세한 해설을 첨부하였습니다. 시중에 일본어능력시험 수험서는 많이 있지만, 학습자들이 원하는 부분을 콕 집어 효율적인 학습을 할 수 있는 교재는 그다지 많지 않습니다.

이러한 점을 고려하여 본 JLPT연구모임에서는 수년간의 분석을 통해 적중률과 난이도를 연구하여, 일본어능력시험을 준비하는 학습자가 이 책 한 권이면 충분하다고 느낄 정도의 내용과 문제를 실었습니다. 한 문제 한 문제 꼼꼼하게 풀어 보시고, 일본어능력시험에 꼭 합격하시기를 진심으로 기원합니다.

JLPT연구모임

① 교시   언어지식(문자·어휘·문법)/독해

문자·어휘

출제 빈도순 어휘 ➡ 기출어휘 ➡ 확인문제 ➡ 실전문제

1교시 문자·어휘 파트에서는 문제 유형별 출제 빈도순으로 1순위부터 3순위까지 정리하여 어휘를 제시한다. 가장 많이 출제되고 있는 1자 한자부터, 닮은꼴 한자, 명사, する동사, 동사, 형용사, 부사순으로 어휘를 학습한 후, 확인문제를 풀어보면서 확인하고, 확인문제를 학습 후에는 실전문제를 풀면서 총정리를 한다. 각 유형별로 제시한 어휘에는 최근 출제되었던 단어를 표기해 놓았다.

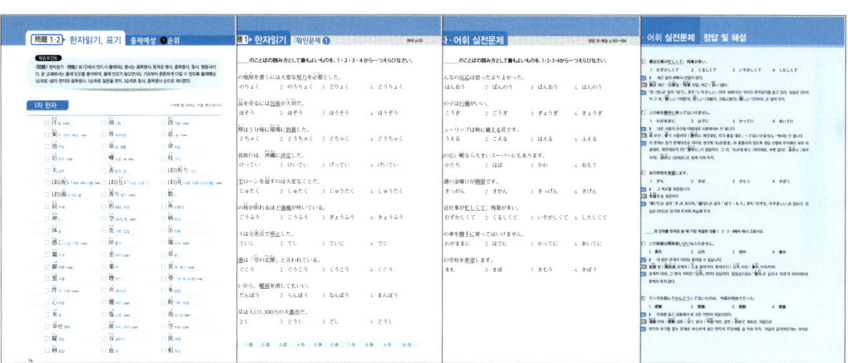

문법

기초문법 ➡ 필수문법 ➡ 필수경어 ➡ 확인문제 ➡ 실전문제

N3 필수 문법과 경어를 학습하고 확인 문제를 차근차근 풀며 체크할 수 있도록 다량의 문제를 실어 놓았으며, 처음 시작하는 초보자를 위해 시험에 자주 등장하는 기초문법을 수록해 놓았다. 확인문제까지 학습한 뒤에는 난이도 있는 실전문제를 풀며 실전에 대비할 수 있도록 했다.

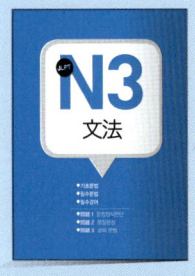
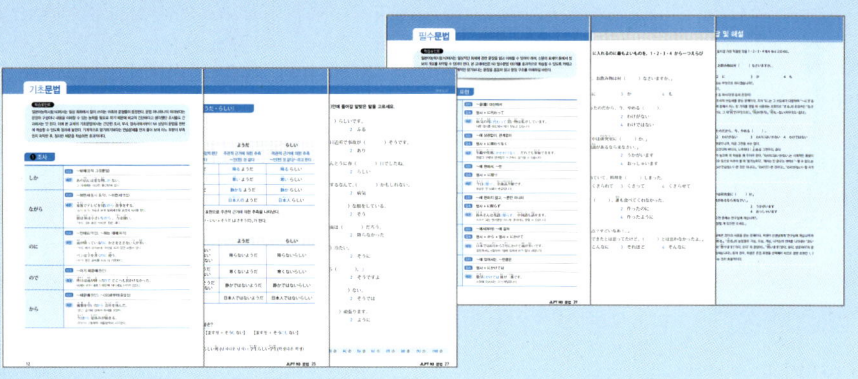

독해

독해의 비결 ➡ **영역별 확인문제** ➡ **실전문제**

이제 더 이상 문자·어휘·문법에만 집중해서는 안 된다. 과목별 과락이라는 제도가 생기면서, 독해와 청해의 비중이 높아졌기 때문에 모든 영역을 균형있게 학습해야 한다. 본 교재에서는 독해의 비결을 통해, 글을 분석할 수 있는 노하우를 담았다. 문제만 많이 푼다고 해서 점수가 잘 나오는 것이 아니므로, 원리를 잘 파악해 보자.

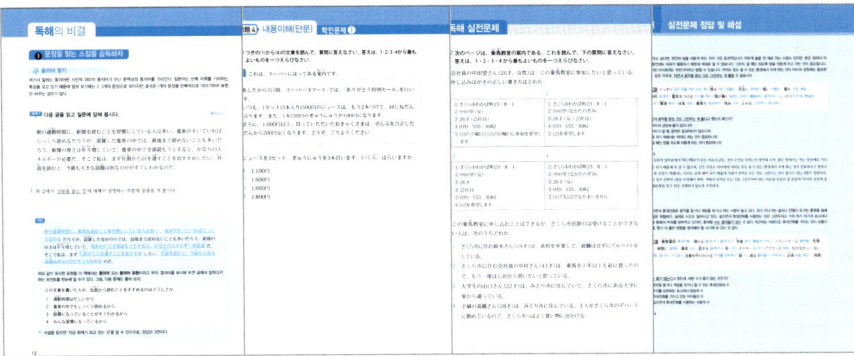

2 교시   청해

청해의 비결 ➡ **영역별 확인문제** ➡ **실전문제**

독해와 함께 청해의 비중도 높아졌으며, 단어 하나하나의 의미를 꼼꼼히 듣는 문제보다는 상담·준비·설명·소개·코멘트·의뢰·허가 등 어떤 주제로 회화가 이루어지는지, 또한 칭찬·격려·질책·변명·걱정 등 어떤 장면인지를 파악해야 하는 문제들이 출제되고 있다. 이에 본 교재는 다양한 주제를 접할 수 있도록 구성하였다.

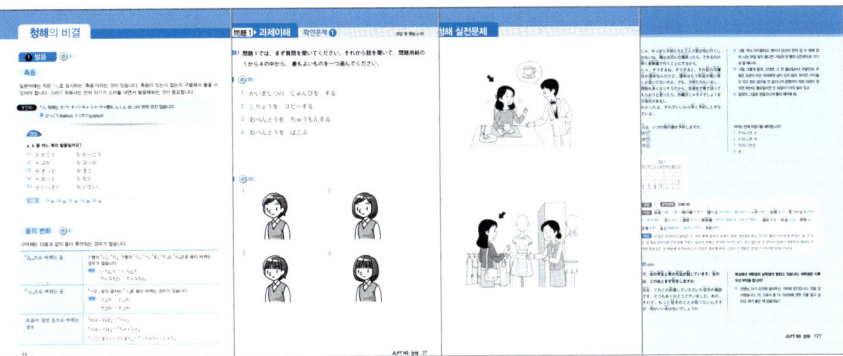

● 실전모의테스트 3회분 (영역별 2회분 + 온라인 종합 1회분)

질로 승부한다!

JLPT연구모임에서는 몇 년 동안 완벽한 분석을 통해 적중률과 난이도를 조정하여, 실전모의테스트를 제작하였다. 혼자서도 공부할 수 있도록 자세한 해설을 수록해 놓았다.

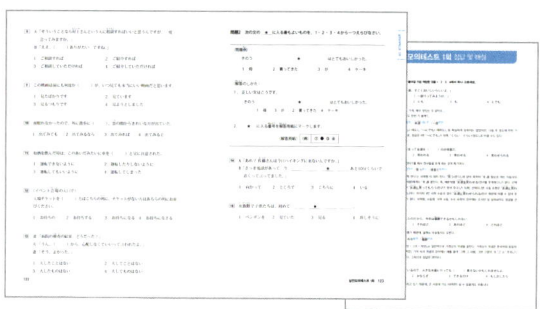

● 무료 동영상 해설 강의

1타 강사들의 명쾌한 실전모의테스트 해설 특강!!

언제 어디서나 꼼꼼하게 능력시험을 대비할 수 있도록 동영상 강의를 제작하였다. 질 좋은 문제와 명쾌한 해설로 실전에 대비하길 바란다.

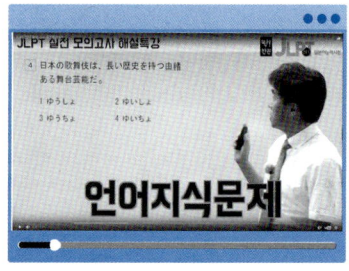
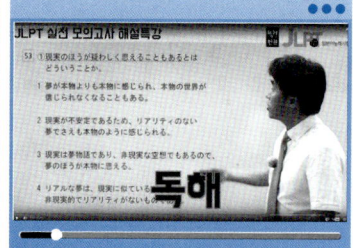

차례

① 시험과목과 시험시간

레벨	시험과목 (시험시간)		
N1	언어지식 (문자 · 어휘 · 문법) · 독해 (110분)		청해 (60분)
N2	언어지식 (문자 · 어휘 · 문법) · 독해 (105분)		청해 (50분)
N3	언어지식 (문자 · 어휘) (30분)	언어지식 (문법) · 독해 (70분)	청해 (45분)
N4	언어지식 (문자 · 어휘) (25분)	언어지식 (문법) · 독해 (55분)	청해 (40분)
N5	언어지식 (문자 · 어휘) (20분)	언어지식 (문법) · 독해 (40분)	청해 (35분)

② 시험점수

레벨	배점구분	득점범위
N1	언어지식(문자 · 어휘 · 문법)	0~60
	독해	0~60
	청해	0~60
	종합배점	0~180
N2	언어지식(문자 · 어휘 · 문법)	0~60
	독해	0~60
	청해	0~60
	종합배점	0~180
N3	언어지식(문자 · 어휘 · 문법)	0~60
	독해	0~60
	청해	0~60
	종합배점	0~180
N4	언어지식(문자 · 어휘 · 문법) · 독해	0~120
	청해	0~60
	종합배점	0~180
N5	언어지식(문자 · 어휘 · 문법) · 독해	0~120
	청해	0~60
	종합배점	0~180

③ 합격점과 합격 기준점

레벨별 합격점은 N1 100점, N2 90점, N3 95점이며, 과목별 합격 기준점은 각 19점입니다.

❹ 문제유형

Ⅰ. 언어지식(문자·어휘·문법) Ⅱ. 독해 Ⅲ. 청해

시험과목		큰 문제	예상 문항 수	문제 내용	적정 예상 풀이 시간	파트별 소요 예상 시간	대책
언어 지식 (30분)	문 자· 어 휘	문제 1	8	한자 읽기 문제	3분	문자·어휘 20분	문자·어휘 파트의 시험시간은 30분으 로 문제 푸는 시간 을 20분 정도로 생 각하면 시간은 충분 하다. 나머지 10분 동안 마킹과 점검을 하면 된다.
		문제 2	6	한자 표기 문제	3분		
		문제 3	11	문맥에 맞는 적절한 어휘 고르는 문제	6분		
		문제 4	5	주어진 어휘와 비슷한 의미 의 어휘를 찾는 문제	3분		
		문제 5	5	제시된 어휘의 의미가 올바 르게 쓰였는지를 묻는 문제	5분		
언어 지식 (문법) · 독해 (70분)	문 법	문제 1	13	문장의 내용에 맞는 문형표 현 즉 기능어를 찾아서 넣는 문제	6분	문법 18분	총 70분 중에서 문제 푸는 시간 56분, 나머 지 14분 동안 마킹과 마지막 점검을 하면 된다. 문법 파트에서 새로운 유형의 문제 는 예제를 확실하게 이해하고 문제풀이를 하면 새로운 문제에 바로 적응할 수 있을 것이다. 독해문도 마 찬가지다. 새로운 유 형의 정보 검색 등은 내용 속에 답이 있으 므로 차분히 찾기만 하면 된다.
		문제 2	5	나열된 단어를 의미에 맞게 조합하는 문제	5분		
		문제 3	5	글의 흐름에 맞는 문법 찾아 내기 문제	7분		
	독 해	문제 4	4	단문(150~200자 정도) 이해	10분	독해 38분	
		문제 5	6	중문(350자 정도) 이해	10분		
		문제 6	4	장문(550자 정도) 이해	10분		
		문제 7	2	600자 정도의 글을 읽고 필요한 정보 찾기	8분		
청해 (45분)		문제 1	6	과제 해결에 필요한 정보를 듣고 나서 무엇을 해야 하는 지 찾아내기	약 9분 (한 문항당 약 1분 30초)		총 45분 중에서 문제 푸는 시간은 대략 35분 10초 정도가 될 것으로 예상한다. 나머지 시간은 질문 읽는 시간과 문제 설명이 될 것으로 예상한다. 전체적으로 난이도가 그다지 어렵지 않을 것으로 예상한다.
		문제 2	6	대화나 혼자 말하는 내용을 듣고 포인트 파악하기	약 11분 30초 (한 문항당 약 1분 55초)		
		문제 3	3	내용 전체를 듣고 화자의 의 도나 주장을 이해하기	약 4분 30초 (한 문항당 약 1분 30초)		
		문제 4	4	그림을 보면서 상황 설명을 듣고 화살표가 가리키는 인 물의 대답 찾기	약 2분 40초 (한 문항당 약 40초)		
		문제 5	9	짧은 문장을 듣고 그에 맞는 적절한 응답 찾기	약 4분 30초 (한 문항당 약 30초)		

문법 접속 활용표

〈활용형과 품사의 기호〉

활용형과 품사의 기호	예
명사	雪
동사 사전형	持つ・見る・する・来る
동사 ます형	持ちます・見ます・します・来ます
동사 ない형	持たない・見ない・しない・来ない
동사 て형	持って・見て・して・来て
동사 た형	持った・見た・した・来た
동사 의지형	持とう・見よう・しよう・来よう
동사 가정형	持てば・見れば・すれば・来れば
동사 명령형	持て・見ろ・しろ・来い
イ형용사 사전형	暑い
イ형용사 어간	暑い
イ형용사 て형	暑くて
ナ형용사 사전형	丈夫だ
ナ형용사 어간	丈夫だ
ナ형용사 て형	丈夫で
する동사의 명사형	散歩・運動・料理 등 [する]를 뒤에 붙일 수 있는 명사

〈접속방법 표시 예〉

[보통형]

동사	聞く	聞かない	聞いた	聞かなかった
イ형용사	暑い	暑くない	暑かった	暑くなかった
ナ형용사	上手だ	上手ではない	上手だった	上手ではなかった
명사	学生だ	学生ではない	学生だった	学生ではなかった

[명사수식형]

동사	聞く	聞かない	聞いた	聞かなかった
イ형용사	暑い	暑くない	暑かった	暑くなかった
ナ형용사	上手な	上手ではない	上手だった	上手ではなかった
명사	学生の	学生ではない	学生だった	学生ではなかった

JLPT

N3

文法

- 기초문법
- 필수문법
- 필수경어

- 問題 1 문법형식판단
- 問題 2 문장완성
- 問題 3 글의 문법

기초**문법**

학습포인트

일본어능력시험 N3에서는 일상 회화에서 많이 쓰이는 어휘와 문형들이 등장한다. 문법 하나하나의 의미보다는 문장의 구성이나 내용을 이해할 수 있는 능력을 필요로 하기 때문에 비교적 간단하다고 생각했던 조사들도 간과해서는 안 된다. 이에 본 교재의 기초문법에서는 간단한 조사, 부사, 접속사에서부터 N4 상당의 문법을 한번에 학습할 수 있도록 정리해 놓았다. 기계적으로 암기하기보다는 연습문제를 먼저 풀어 보며 어느 부분이 부족한지 파악한 후, 정리한 예문을 학습하면 효과적이다.

❶ 조사

しか	**의미** ～밖에(오직 그것뿐임)
	예문 あの店には変な物しかない。 그 가게에는 이상한 물건밖에 없다.
ながら	**의미** ～하면서(동시 동작), ～이면서(역접)
	예문 家族でテレビを見ながら食事をする。 (동시 동작) 가족이 모여 텔레비전을 보면서 식사를 한다. 彼は体は小さいながら、力は強い。 (역접) 그는 몸은 작지만, 힘은 세다.
のに	**의미** ～인데도(역접), ～하는 데에(목적)
	예문 雨が降っているのにかさをささない人が多い。 (역접) 비가 내리는데, 우산을 쓰지 않은 사람이 많다. ペンは字を書くのに使う。 (목적) 펜은 글씨를 쓰는 데 사용한다.
ので	**의미** ～이기 때문에(원인)
	예문 昨日は雨が降ったのでどこへも出かけなかった。 어제는 비가 내렸기 때문에 어디에도 나가지 않았다.
から	**의미** ～때문에(원인), ～(으)로부터(출발점)
	예문 風邪を引いたから会社を休んだ。 (원인) 감기에 걸려서 회사를 쉬었다. 今日から夏休みが始まる。 (출발점) 오늘부터 여름방학이 시작된다.

より	의미	～보다(비교), ～(으)로부터(출발점)
	예문	道が込んでいる時は、バスに乗るより歩いたほうが早い。 (비교) 길이 붐빌 때는 버스를 타는 것보다 걷는 편이 빠르다. 明日の会議は9時より始まる予定だ。 (출발점) 내일 회의는 9시부터 시작될 예정이다.
たり	의미	～하기도 하고
	예문	日曜日は大体買い物をしたり、映画を見たりする。 일요일은 대개 쇼핑을 하거나 영화를 보거나 한다.
まま	의미	～한 채
	예문	この本は買ったまま、まだ読んでいない。 이 책은 산 채로, 아직 안 읽었다.
きり	의미	～한 이후, ～뿐
	예문	「いいえ」と言ったきり、彼は何も言わなかった。 그는 '아니오'라고 말한 후, 아무 말도 하지 않았다. 財布に残っているのは、あと100円きりだ。 지갑에 남아 있는 것은 이제 백 엔뿐이다.
とか	의미	～든가(병렬), ～라던가 하는(불확실한 전문)
	예문	今よく売れているのはコーヒーとかジュースだ。 (병렬) 지금 잘 팔리는 것은 커피나 주스이다. 試験があるとかないとか言って学生たちが教室で騒いでいる。 (불확실한 단정) 시험이 있느니 없느니 하면서 학생들이 교실에서 떠들고 있다.
だけ	의미	(오직) ～만, ～뿐 / 만큼
	예문	今帰れるのは二人だけだ。 지금 돌아갈 수 있는 사람은 두 사람뿐이다.
ばかり	의미	～만, ～한지 얼마 안 되는
	예문	息子は勉強しないでゲームばかりしている。 아들은 공부는 안 하고 게임만 하고 있다. このかばんは昨日買ったばかりで、まだ新しい。 이 가방은 어제 사서 아직 새것이다.
し	의미	～하고(이유 설명)
	예문	風邪気味で熱もあるし頭も痛いし大変だ。 감기 기운으로 열도 있고, 머리도 아파서 힘들다.

つつ	**의미**	〜하면서(동시동작), 〜하면서도(역접)
	예문	人間は悪いと知りつつうそをつく。 (역접) 인간은 나쁜 줄 알면서도 거짓말을 한다.
も	**의미**	〜도, 〜나(강조)
	예문	山も野原も雪で真っ白だ。 산도 들도 눈으로 새하얗다. このかばんは50万円もする。 (강조) 이 가방은 50만 엔이나 한다.
で	**의미**	〜에서(장소), 〜으로(수단), 〜으로(원인), 〜에(시간의 기준)
	예문	妻が台所で料理をする。 (장소) 아내가 부엌에서 요리를 한다. 毎日バスで学校に通っている。 (수단) 매일 버스로 학교에 다니고 있다. 昨日風邪で会社を休んだ。 (원인) 어제 감기로 회사를 쉬었다. この本を今日一日で全部読むつもりだ。 (시간의 기준) 이 책을 오늘 하루에 전부 읽을 생각이다.
でも	**의미**	〜(이)라도(예시), 〜(이)라도(강조)
	예문	久しぶりに映画でも見に行こう。 (예시)오랜만에 영화라도 보러 가자. このくらいは子どもでも分かる。 (강조)이 정도는 아이라도 알 수 있다.
ほど	**의미**	〜만큼 (정도의 비교)
	예문	今年は去年ほど寒くない。 올해는 작년만큼 춥지 않다.
くらい	**의미**	〜정도 (낮은 정도)
	예문	これくらいなら誰でもできる。 이 정도라면 누구라도 할 수 있다.
までに	**의미**	〜까지(시간적인 한도·도달점)
	예문	明日までにレポートを出してください。 내일까지 리포트를 제출해 주십시오.

기초**문법**

❶ 연습해 봅시다. ( ) 안에 들어갈 알맞은 말을 고르세요.

(1) 娘は自分の部屋に入った（ 　　　 ）、出てこない。
　　1 しか　　　　　　　　　2 きり

(2) 受験者は明日の８時（ 　　　 ）、来ること。
　　1 までに　　　　　　　　2 で

(3) これ（ 　　　 ）愉快なことはないと思う。
　　1 ぐらい　　　　　　　　2 ほど

(4) ゼミは今日（ 　　　 ）５日になる。
　　1 に　　　　　　　　　　2 で

(5) 東京は晴れな（ 　　　 ）大阪は雨だ。
　　1 のに　　　　　　　　　2 ので

(6) 今朝辛い物を食べた（ 　　　 ）、のどが渇いた。
　　1 ので　　　　　　　　　2 のに

(7) 今日買った（ 　　　 ）の本をなくしてしまった。
　　1 ぐらい　　　　　　　　2 ばかり

(8) 息子は朝出掛けた（ 　　　 ）戻らない。
　　1 ばかり　　　　　　　　2 まま

(9) 疲れたが歩ける（ 　　　 ）歩いてみよう。
　　1 だけ　　　　　　　　　2 しか

(10) 彼は知ってい（ 　　　 ）私に教えてくれない。
　　1 ながら　　　　　　　　2 たり

정답　　(1) ②　(2) ①　(3) ②　(4) ②　(5) ①　(6) ①　(7) ②　(8) ②　(9) ①　(10) ①

기초문법

❷ 부사

<ruby>必<rt>かなら</rt></ruby>ず	**의미** 반드시	
	예문 どんなことがあっても、<ruby>必<rt>かなら</rt></ruby>ず<ruby>行<rt>い</rt></ruby>く。 무슨 일이 있어도 반드시 가겠다.	
<ruby>絶対<rt>ぜったい</rt></ruby>(に)	**의미** 꼭, 절대로	
	예문 <ruby>今度<rt>こんど</rt></ruby>こそ<ruby>絶対<rt>ぜったい</rt></ruby>に<ruby>勝<rt>か</rt></ruby>つ。 이번에야말로 꼭 이기겠다.	
<ruby>全<rt>まった</rt></ruby>く	**의미** 완전히	
	예문 <ruby>彼<rt>かれ</rt></ruby>の<ruby>意見<rt>いけん</rt></ruby>に<ruby>私<rt>わたし</rt></ruby>も<ruby>全<rt>まった</rt></ruby>く<ruby>同感<rt>どうかん</rt></ruby>だ。 그의 의견에 나도 완전히 동감이다.	
<ruby>確<rt>たし</rt></ruby>かに	**의미** 틀림없이	
	예문 お<ruby>金<rt>かね</rt></ruby>は<ruby>一万円<rt>いちまんえん</rt></ruby><ruby>確<rt>たし</rt></ruby>かに<ruby>受<rt>う</rt></ruby>け<ruby>取<rt>と</rt></ruby>った。 돈은 만 엔 틀림없이 받았다.	
<ruby>決<rt>けっ</rt></ruby>して	**의미** 결코	
	예문 これは<ruby>決<rt>けっ</rt></ruby>して<ruby>高<rt>たか</rt></ruby>くないと<ruby>思<rt>おも</rt></ruby>う。 이것은 결코 비싸지 않다고 생각한다.	
さっぱり	**의미** 전혀	
	예문 <ruby>何<rt>なん</rt></ruby>のことかさっぱりわからない。 무슨 일인지 전혀 모르겠다.	
まるで	**의미** 마치(비유), 전혀(부정문이 뒤에 따름)	
	예문 <ruby>教室<rt>きょうしつ</rt></ruby>の<ruby>中<rt>なか</rt></ruby>はまるで<ruby>水<rt>みず</rt></ruby>を<ruby>打<rt>う</rt></ruby>ったような<ruby>静<rt>しず</rt></ruby>けさだ。 교실 안은 마치 물을 끼얹은 듯한 고요함이다. こうなるとまるで<ruby>話<rt>はなし</rt></ruby>にならない。 이렇게 되면 전혀 이야기가 되지 않는다.	
ちっとも	**의미** 조금도	
	예문 うちのポチは<ruby>昨日<rt>きのう</rt></ruby>からちっともえさを<ruby>食<rt>た</rt></ruby>べない。 우리 집 포치는 어제부터 밥을 조금도 먹지 않는다.	
たいして	**의미** 그다지	
	예문 <ruby>試験<rt>しけん</rt></ruby>はたいして<ruby>難<rt>むずか</rt></ruby>しくなかった。 시험은 그다지 어렵지 않았다.	

16

それほど	**의미** 그렇게	
	예문 それほど重要な問題ではない。 그렇게 중요한 문제는 아니다.	
ろくに	**의미** 제대로	
	예문 うちの子はろくに勉強もしない。 우리 아이는 제대로 공부도 하지 않는다.	
めったに	**의미** 좀처럼(특별한 경우 외에는 거의)	
	예문 このショーはめったに見られない。 이 쇼는 좀처럼 볼 수 없다.	
必ずしも	**의미** 반드시(부정 표현이 뒤에 올 때)	
	예문 金持ちが必ずしも幸せとは限らない。 부자가 반드시 행복하다고는 할 수 없다.	
はっきり	**의미** 또렷이, 분명히	
	예문 天気がいいので、富士山がはっきり見える。 날씨가 좋아서 후지산이 또렷이 보인다.	
なかなか	**의미** 그렇게 간단하게는(부정 표현이 뒤에 올 때)	
	예문 人の名前がなかなか覚えられない。 사람의 이름이 좀처럼 외워지지 않는다.	
とても	**의미** 도저히 (부정표현이 뒤에 올 때)	
	예문 僕にはそのことがとても信じられない。 나로서는 그 일을 도저히 믿을 수 없다.	
あいにく	**의미** 공교롭게도	
	예문 久しぶりに友達の家を訪ねたが、あいにく留守だった。 오랜만에 친구 집에 갔지만 공교롭게도 없었다.	
たぶん	**의미** 아마	
	예문 彼はたぶん待っても来ないだろう。 그는 아마 기다려도 오지 않을 것이다.	
おそらく	**의미** 아마	
	예문 この仕事はおそらく君には無理だろう。 이 일은 아마 자네에게는 무리일 것이다.	

기초문법

そのうち	의미	머지 않아, 가까운 시일 안에
	예문	そのうち彼の考えも変わるだろう。 멀지 않아 그의 생각도 변할 것이다.
すっかり	의미	완전히, 말끔히
	예문	毎日運動して体調がすっかりよくなった。 매일 운동을 해서 몸 상태가 완전히 좋아졌다.
きっと	의미	틀림없이
	예문	君ならやればきっとできるはずだ。 자네라면 틀림없이 할 수 있을 것이다.
ひょっとすると	의미	어쩌면, 혹시
	예문	ひょっとすると今日雨が降るかもしれない。 어쩌면 오늘 비가 내릴지도 모른다.
もしかしたら	의미	어쩌면
	예문	もしかしたら来月転勤になるかもしれない。 어쩌면 다음 달에 전근 갈지도 모른다.
まさか	의미	설마
	예문	まさか君が犯人ではないだろうね。 설마 자네가 범인은 아니겠지.
どんなに	의미	얼마나, 아무리
	예문	キムさんが合格した時、キムさんのお母さんはどんなに喜んだことでしょう。 김 씨가 합격했을 때, 김 씨 어머니는 얼마나 기뻐했을까? 明日どんなに寒くてもわたしは行く。 내일 아무리 추워도 나는 가겠다.
今にも	의미	당장에라도
	예문	彼女は今にも泣き出しそうな顔をしていた。 그녀는 당장에라도 울음을 터뜨릴 듯한 얼굴을 하고 있었다.
どうやら	의미	아무래도, 어쩐지
	예문	今日はどうやら雨らしい。 오늘은 아무래도 비일 듯하다.

どうも	의미	아무리 해도(부정 표현이 뒤에 올 때), 아무래도
	예문	どうもこの問題は解けそうにない。 아무리 해도 이 문제는 풀릴 것 같지 않다. その話はどうも本当のようだ。 그 이야기는 아무래도 사실인 것 같다.
なんとなく	의미	웬일인지
	예문	なんとなく嫌な予感がするんだ。 웬일인지 안 좋은 예감이 들어.
とっくに	의미	훨씬 전에
	예문	子どもはとっくに寝ました。 아이는 훨씬 전에 잠들었습니다.
確か	의미	아마, 분명히
	예문	確か通帳はタンスの中だったと思う。 아마 통장은 옷장 안에 두었다고 생각한다.
ぜひ	의미	꼭
	예문	ぜひ週末に遊びに来てください。 꼭 주말에 놀러 오세요.
どうしても	의미	어떠한 일이 있어도, 아무리 해도
	예문	今度こそどうしても勝ちたい。 이번에야 말로 무슨 일이 있어도 이기고 싶다. この問題はどうしても分からない。 이 문제는 아무리 해도 모르겠다.
どうか	의미	아무쪼록
	예문	昨日のことはどうかお許しください。 어제의 일은 아무쪼록 용서해 주십시오.
せめて	의미	적어도
	예문	せめて利子だけでも払って欲しい。 적어도 이자만이라도 지불해 주었으면 한다.
うっかり	의미	깜빡, 무심코
	예문	うっかり約束を忘れてしまっていた。 약속을 깜빡 잊어 버리고 있었다.

② 연습해 봅시다. ( ) 안에 들어갈 알맞은 말을 고르세요.

(1) 約束は（　　　　）守るべきだ。
　　1　必ず　　　　　　　　　2　どうか

(2) 嫌なら嫌だと（　　　　）言った方がいい。
　　1　はっきり　　　　　　　2　すっかり

(3) 今日は昨日に比べて（　　　　）寒くない。
　　1　たいして　　　　　　　2　せめて

(4) 私一人では（　　　　）食べられない量だ。
　　1　とても　　　　　　　　2　それほど

(5) いくら探しても（　　　　）見つからないだろう。
　　1　まさか　　　　　　　　2　おそらく

(6) 先生、機会があればまた（　　　　）お伺いします。
　　1　そのうち　　　　　　　2　あいにく

(7) 私はそんなことは（　　　　）考えていなかった。
　　1　全く　　　　　　　　　2　まさか

(8) 私は映画館には（　　　　）行かない。
　　1　はっきり　　　　　　　2　めったに

(9) 本日は（　　　　）予約が一杯になっております。
　　1　あいにく　　　　　　　2　めったに

(10) 金持ちが（　　　　）幸福だとは思わない。
　　1　必ず　　　　　　　　　2　必ずしも

정답　　[1] ①　　[2] ①　　[3] ①　　[4] ①　　[5] ②　　[6] ①　　[7] ①　　[8] ②　　[9] ①　　[10] ②

3 연습해 봅시다. (   ) 안에 들어갈 알맞은 말을 고르세요.

(1) (   ) 明日は雨かもしれない。
  1 もしかしたら   2 きっと

(2) 彼の話には (   ) 納得できない。
  1 どうも   2 どうやら

(3) 彼女には (   ) 心が引かれる。
  1 なんと   2 なんとなく

(4) 大事な約束を (   ) 忘れてしまった。
  1 うっかり   2 がっかり

(5) スパゲッティが (   ) 食べたかったので自分で作った。
  1 どうにか   2 どうしても

(6) (   ) 明日は雨らしい。
  1 どうやら   2 どうか

(7) (   ) 娘の声だけでも聞きたい。
  1 たいして   2 せめて

(8) (   ) それは忘れてくださいませんか。
  1 どうも   2 どうか

(9) 彼は (   ) 泣き出しそうだった。
  1 いまにも   2 いまだに

(10) 彼は (   ) 合格するだろう。
  1 ぜひ   2 きっと

정답   [1] ①   [2] ①   [3] ②   [4] ①   [5] ②   [6] ①   [7] ②   [8] ②   [9] ①   [10] ②

기초문법

❸ 접속사

だから	**의미** 그러니까(순접)	
	예문 午後は雨が降るって。だから、かさを持って行きなさい。 오후부터 비가 온대. 그러니까 우산을 가지고 가렴.	
それで	**의미** 그래서(순접)	
	예문 昨日は飲みすぎた。それで、今日は二日酔いだ。 어제는 과음했다. 그래서 오늘은 숙취이다.	
それから	**의미** 그리고 나서(동작의 순서)	
	예문 お風呂に入った。それから、寝た。 목욕을 했다. 그리고 나서 잤다.	
すると	**의미** 그러자	
	예문 カーテンを開けた。すると外は雪が降っていた。 커튼을 걷었다. 그러자 밖에는 눈이 내리고 있었다.	
それなら	**의미** 그렇다면(화제 전개)	
	예문 渋滞してるんですか。それなら電車で行きましょう。 도로가 정체되고 있어요? 그렇다면 전철로 갑시다.	
しかし	**의미** 그러나(역접)	
	예문 彼は勉強ができる。しかし、スポーツは全然駄目だ。 그는 공부를 잘한다. 그러나 스포츠는 전혀 못한다.	
だが	**의미** 그렇지만(역접)	
	예문 10時に会う約束をした。だが、彼は来なかった。 10시에 만날 약속을 했다. 그렇지만 그는 오지 않았다.	
それなのに	**의미** 그런데도(역접)	
	예문 もう四月だ。それなのに、まるで冬のような寒さだ。 이제 4월이다. 그런데도 마치 겨울과 같은 추위이다.	
それにしては	**의미** 그것에 비해서는	
	예문 彼は大学生だそうだ。それにしては、漢字を知らないが。 그는 대학생이라고 한다. 그것에 비해서는 한자를 모르지만.	
それにしても	**의미** 그건 그렇다 하더라도	
	예문 遅れるって言ってたけど、それにしても遅いな。 늦는다고 했지만, 그렇다고 하더라도 너무 늦는군.	

および	의미	및(병렬)
	예문	劇場内では飲食、および喫煙は禁止されています。 극장 안에서는 음식물 섭취 및 흡연은 금지되어 있습니다.
しかも	의미	게다가(첨가)
	예문	この靴は軽くて、しかも丈夫だ。 이 신발은 가볍고 게다가 튼튼하다.
それとも	의미	그렇지 않으면(선택)
	예문	コーヒーにしますか。それとも、紅茶にしますか。 커피로 하겠습니까? 그렇지 않으면 홍차로 하겠습니까?
ただし	의미	다만(조건)
	예문	いくら食べても無料です。ただし、時間制限があります。 아무리 먹어도 무료입니다. 다만 시간 제한이 있습니다.
ところで	의미	그건 그렇고(화제 전환)
	예문	今年ももう終わるね。ところで、正月は田舎へ帰るの。 이제 곧 올해도 끝나네. 그건 그렇고 설날에는 고향에 가?
なぜなら	의미	왜냐하면(이유)
	예문	今は公表できない。なぜなら、まだ検討中だからだ。 지금은 공표할 수 없다. 왜냐하면 아직 검토 중이기 때문이다.
そのうえ	의미	게다가(첨가)
	예문	彼は成績がいい。そのうえ、スポーツも万能だ。 그는 성적이 좋다. 게다가 스포츠도 만능이다.
もしくは	의미	혹은(선택)
	예문	日本語、もしくは英語でサインしてください。 일본어 혹은 영어로 사인해 주십시오.
ところが	의미	그렇지만(역접)
	예문	彼は強そうに見えた。ところが簡単に負けてしまった。 그는 강한 듯이 보였다. 그렇지만 간단하게 지고 말았다.
したがって	의미	따라서(순접)
	예문	今日は講師が休みだ。したがって、休講だ。 오늘은 강사가 쉬는 날이다. 따라서 휴강이다.

④ 연습해 봅시다. ( ) 안에 들어갈 접속사를 고르세요.

(1) この品は手作りだ。( ) 値段が高い。
    1 したがって   2 そのうえ

(2) 娘は出掛けたと思っていた。( ) 部屋で昼寝をしていた。
    1 ところで   2 ところが

(3) 外出は自由だ。( ) 10時までには帰らなければならない。
    1 しかも   2 ただし

(4) 今日は日曜日だが、( ) 人が少ない。
    1 それにしては   2 それにすれば

(5) 遅れるかもしれないとは言ってたけれど、( ) 遅いなあ。
    1 それにしても   2 それにしては

(6) この店の物は品がよく、( ) 値段が安い。
    1 しかし   2 しかも

(7) 窓を開けた。( )、外は雪が降っていた。
    1 すると   2 そこで

(8) 一生懸命やった。( ) 失敗した。
    1 それで   2 それなのに

(9) 私が行くか、( ) 山田さんに来てもらうかで迷っている。
    1 もしくは   2 さて

(10) 納得できなくて、( ) また質問したのです。
    1 そして   2 それで

정답   (1) ①   (2) ②   (3) ②   (4) ①   (5) ①   (6) ②   (7) ①   (8) ②   (9) ①   (10) ②

❹ 추측표현 (そうだ・ようだ・らしい)

1) 접속 형태 및 의미

① 현재 긍정

구분	**そうだ** 양태(모양과 상태)에 따른 직감적 판단 ~일(할) 것 같다	**ようだ** 주관적 근거에 의한 추측 ~인(한) 것 같다	**らしい** 객관적 근거에 의한 추측 ~인(한) 것 같다/~라고 한다
동사	降(ふ)りそうだ	降(ふ)るようだ	降(ふ)るらしい
い형용사	寒(さむ)そうだ	寒(さむ)いようだ	寒(さむ)いらしい
な형용사	静(しず)かそうだ	静(しず)かなようだ	静(しず)からしい
명사	×	日本人(にほんじん)のようだ	日本人(にほんじん)らしい

★「みたいだ」는「ようだ」의 회화적 표현으로 주관적 근거에 의한 추측을 나타낸다.

★「ない＋そうだ (なさそうだ), よい・いい＋そうだ (よさそうだ)」가 된다.

② 현재 부정

구분	そうだ	ようだ	らしい
동사	降りそうにない 降りそうもない 降りそうにもない	降らないようだ	降らないらしい
い형용사	寒くなさそうだ 寒そうではない	寒くないようだ	寒くないらしい
な형용사	静かではなさそうだ 静かそうではない	静かではないようだ	静かではないらしい
명사	×	日本人ではないようだ	日本人ではないらしい

2) 주의

① 동사의 경우,「そうだ」의 부정은?

　　【ます형＋そうにない】　　【ます형＋そうもない】　　【ます형＋そうにもない】

②「らしい」접미어 용법

　　명사＋らしい : ~답다　例 男(おとこ)らしい男(おとこ) (남자다운 남자)・学生(がくせい)らしい学生(がくせい) (학생다운 학생)

③「ようだ」의 비유, 예시 용법

명사の＋ようだ　① 비유 : 마치 ～인 것 같다.　例 まるで夢のようだ。

　　　　　　　② 예시 : (예를 들면) ～처럼　例 先生のように偉い人になりたい。

3) 전문의 そうだ (～라고 한다)

구분	전문의 そうだ	예문
동사	降るそうだ	天気予報によると明日は雪が降るそうです。 일기예보에 의하면 내일은 눈이 내린다고 합니다.
い형용사	寒いそうだ	山田さんの話によると、あの店はおいしいそうです。 야마다 씨의 이야기에 의하면, 저 가게는 맛있다고 합니다.
な형용사	静かだそうだ	日本人は親切だそうです。 일본인은 친절하다고 한다.
명사	日本人だそうだ	山田さんのお母さんは先生だそうだ。 야마다 씨의 어머니는 선생님이라고 한다.

★「らしい」도 전문(～라고 한다)의 의미를 갖지만, 소문등 정보원이 불명확한 경우에 자주 쓰인다.

4) 그 밖의 추측표현의 접속

「だろう・でしょう・かもしれない・みたいだ」의 접속은 「らしい」와 같다.

구분	だろう(でしょう) ～할 것이다(일 것입니다) ～하겠지(겠지요)	かもしれない ～일지도 모른다	みたいだ ～인(한) 것 같다
동사	降るだろう 降るでしょう	降るかもしれない	降るみたいだ
い형용사	寒いだろう 寒いでしょう	寒いかもしれない	寒いみたいだ
な형용사	静かだろう 静かでしょう	静かかもしれない	静かみたいだ
명사	日本人だろう 日本人でしょう	日本人かもしれない	日本人みたいだ

5)「ように」의 기타표현

① [동사 사전형・가능형] ＋ ように : ～하도록・～할 수 있도록

　　例 今度の試合に勝てるように 頑張ります。 이번 시합에 이길 수 있도록 노력하겠습니다.

⑤ 연습해 봅시다. ( )안에 들어갈 알맞은 말을 고르세요.

[1] 明日は雨が（ 　　　　）らしいです。
　　1　ふり　　　　　　　　　　2　ふる

[2] 父の話によると、昨日近所で事故が（ 　　　　）そうです。
　　1　あった　　　　　　　　　　2　あり

[3] 今日は暖かくて、ほんとうに春（ 　　　　）日でしたね。
　　1　ような　　　　　　　　　　2　らしい

[4] 真面目な彼女が欠席するなんて、（ 　　　　）かもしれない。
　　1　病気だ　　　　　　　　　　2　病気

[5] 彼女は今にも泣き（ 　　　　）な顔をしている。
　　1　よう　　　　　　　　　　2　そう

[6] 今日はいい天気で、雨は（ 　　　　）だろう。
　　1　降らない　　　　　　　　　　2　降らなかった

[7] 彼女は氷（ 　　　　）冷たい。
　　1　のように　　　　　　　　　　2　そうに

[8] 「あっ、コップが落ち（ 　　　　）。」
　　1　みたいですよ　　　　　　　　　　2　そうですよ

[9] 授業はまだ始まり（ 　　　　）ない。
　　1　そうに　　　　　　　　　　2　そうでは

[10] 試験に受かる（ 　　　　）頑張ります。
　　1　らしく　　　　　　　　　　2　ように

정답　　[1] ②　　[2] ①　　[3] ②　　[4] ②　　[5] ②　　[6] ①　　[7] ①　　[8] ②　　[9] ①　　[10] ②

기초문법

❺ 수수표현

수수(주고 받는)표현은 시험에 자주 등장하므로, 이미 학습을 마친 학습자들도 다시 한번 체크해 봅시다.

• 접속형태 및 의미

구분	사물의 수수	행위의 수수	의미
주다 (私 → 남)	〜さしあげる	〜てさしあげる★	〜(해) 드리다
	〜あげる	〜てあげる	〜(해) 주다
	〜やる	〜てやる★	〜(해) 주다
주다 (남 → 私)	〜くださる	〜てくださる	〜(해) 주시다
	〜くれる	〜てくれる	〜(해) 주다
받다 (私 ← 남)	〜いただく	〜ていただく	'〜(해) 받다'의 겸양
	〜もらう	〜てもらう	〜(해) 받다

★ 「〜てさしあげる」는 윗사람이 행세하는 듯한 인상을 주기 때문에 실제로는 그다지 사용하지 않는다.

★ 「やる」는 동식물, 아랫사람 등에 사용된다.

1) 사물의 수수표현

• 友達は私にかばんをくれました。 친구는 나에게 가방을 주었습니다.
• 先生は私にボールペンをくださいました。 선생님은 나에게 볼펜을 주셨습니다.

• 私は友達にかばんをもらいました。 나는 친구에게 가방을 받았습니다.
• 私は先生にボールペンをいただきました。 나는 선생님에게 볼펜을 받았습니다.

• 私は毎日ねこにえさをやります。 나는 매일 고양이에게 먹이를 줍니다.
• 私は山田さんにチョコレートをあげました。 나는 야마다 씨에게 초콜릿을 주었습니다.
• 山田さんはキムさんに帽子をあげました。 야마다 씨는 김 씨에게 모자를 주었습니다.
• 5万円以上、お買い物をされたお客様にはお皿をさしあげます。
  오만 엔 이상 쇼핑하신 고객님께는 접시를 드립니다.

2) 행위의 수수 표현

- 彼は私を送ってくれました。 그는 나를 바래다 주었습니다.
- 先生は困っていた私を救ってくださいました。 선생님은 난처했던 저를 도와주셨습니다.

- 母は私に本を読んでくれました。 어머니는 나에게 책을 읽어 주었습니다.
- 先生は私に日本語を教えてくださいました。 선생님은 저에게 일본어를 가르쳐 주셨습니다.

- 中村さんに本の感想文を書いてもらいました。
  나카무라 씨는 책 감상문을 써 주었습니다.
- 先生に教えていただいたレシピどおりに料理を作りました。
  선생님이 가르쳐 주신 레시피대로 요리를 만들었습니다.

- 私は妹を幼稚園に送ってあげた。 나는 여동생을 유치원에 데려다 주었다.
- 私は鳴いている子犬をなでてやりました。 나는 울고 있는 강아지를 쓰다듬어 주었습니다.

- イさんは日本人の友達にキムチの作り方を教えてあげた。
  이 씨는 일본인 친구에게 김치 만드는 법을 가르쳐 주었다.
- 私は先生にパソコンの使い方を教えてさしあげました。
  나는 선생님께 컴퓨터 사용법을 가르쳐 드렸습니다.

3) 수수의 응용 표현 1 : 의뢰와 요구

くれる **くださる**	～てください	～해 주세요
	～ないでください	～하지 말아 주세요
	～てくれますか(ませんか)	～해 주겠습니까(주지 않겠습니까)?
	～てくださいますか(ませんか)	～해 주시겠습니까(주시지 않겠습니까)?
もらう **いただく**	～てもらえますか(ませんか)	～해 주겠습니까(주지 않겠습니까)? (～해 받을 수 있습니까?)
	～ていただけますか(ませんか)	～해 주시겠습니까(주시지 않겠습니까)? (～해 받을 수 있습니까?)

기초문법

- 田中さんに会議のこと伝えてくれませんか。 다나카 씨에게 내일 회의에 관해 전해 주지 않겠습니까?
- ちょっとこの作文をチェックしてくださいませんか。
  잠깐 이 작문을 체크해 주시지 않겠습니까?
- 少し暑いですが、窓を開けてもらえませんか。 조금 더운데요, 창문을 열어 주지 않겠습니까?
- 読みたい本がありますが、貸していただけませんか。
  읽고 싶은 책이 있는데, 빌려주시지 않겠습니까?

4) 수수의 응용 표현 2 : 허가와 승낙

くれる くださる	~(さ)せてください	~하게 해 주세요.
	~(さ)せてくれませんか	~하게 해(시켜) 주지 않겠습니까? 제가 ~해도 될까요?
	~(さ)せてくださいませんか	~하게 해 주시지 않겠습니까? 제가 ~해도 될까요?
もらう いただく	~(さ)せてもらえませんか ★	~하게 해(시켜) 주지 않겠습니까? 제가 ~해도 될까요?
	~(さ)せていただけませんか ★	~하게 해(시켜) 주지 않겠습니까? 제가 ~해도 될까요?

★ 「~(さ)せて＋もらえませんか (いただけませんか)」
자기 자신이 하는 일에 대해 허락하도록 상대에게 정중하게 부탁하는 표현법.

- 用事があるので、今日は早く帰らせてください。
  볼일이 있는데, 오늘은 일찍 돌아가게 해 주세요.
- 翻訳の仕事は私にさせてくれませんか。
  번역 일, 저에게 시켜 주지 않겠습니까?
- 今日のお昼ご飯は私に払わせてくださいませんか。
  오늘 점심은 제가 지불하게 해 주시지 않겠습니까?
- すみませんが、このパソコンを使わせてもらえませんか。
  죄송합니다만, 이 컴퓨터 사용해도 될까요?
- 今日ちょっと具合が悪いですが、休ませていただけませんか。
  오늘 좀 컨디션이 안 좋은데요, 쉬게 해 주시지 않겠습니까?

6 연습해 봅시다. ( ) 안에 들어갈 알맞은 말을 고르세요.

(1) 私は兄に小遣^{こづか}いを（　　　　）。
　　1　もらいました　　　　　2　くれました

(2) 中村さんはイさんにりんごを（　　　　）。
　　1　くれました　　　　　2　あげました

(3) 花に水を（　　　　）。
　　1　やった　　　　　2　さしあげた

(4) これは、姉から（　　　　）かばんです。
　　1　もらった　　　　　2　あげた

(5) 私が（　　　　）ペンはまだ持っていらっしゃいますか。
　　1　さしあげた　　　　　2　いただいた

(6) キムさんは私にケーキを（　　　　）。
　　1　さしあげました　　　　　2　くれました

(7) 私は妹に手帳を（　　　　）。
　　1　やった　　　　　2　くれた

(8) 彼は私に手紙を（　　　　）。
　　1　あげた　　　　　2　くれた

(9) 先生は私に本を（　　　　）。
　　1　くださいました　　　　　2　さしあげました

(10) 私は先生からCDを（　　　　）。
　　1　くださいました　　　　　2　いただきました

정답　　[1] ①　　[2] ②　　[3] ①　　[4] ①　　[5] ①　　[6] ②　　[7] ①　　[8] ②　　[9] ①　　[10] ②

(11) これ、おいしいからひとつ食べてみて（　　　　）。

    1　ください　　　　　　　　　　2　さしあげなさい

(12) 小さい時、母はわたしに本を読んで（　　　　）。

    1　くださいました　　　　　　　2　くれました

(13) 先生は私の合格を祈って（　　　　）。

    1　あげました　　　　　　　　　2　くださいました

(14) 部長は私に資料のまとめ方を教えて（　　　　）。

    1　くださいました　　　　　　　2　さしあげました

(15) 私は父に靴を買って（　　　　）。

    1　いただきました　　　　　　　2　もらいました

(16) キムさんは私の兄にコーヒーを入れて（　　　　）。

    1　くれました　　　　　　　　　2　あげました

(17) 友達は私を3時間も待って（　　　　）。

    1　くれました　　　　　　　　　2　もらいました

(18) 子どもの日に息子におもちゃを買って（　　　　）。

    1　やった　　　　　　　　　　　2　もらった

(19) 課長は私を車で送って（　　　　）。

    1　いただきました　　　　　　　2　くださいました

(20) 花子さんは私に日本の歌を教えて（　　　　）。

    1　くれました　　　　　　　　　2　もらいました

정답　　　[11] ①　　[12] ②　　[13] ②　　[14] ①　　[15] ②　　[16] ①　　[17] ①　　[18] ①　　[19] ②　　[20] ①

❻ 수동·사역·사역수동

· 접속 형태 및 의미

구분	수동 표현	사역 표현	사역수동 표현
형태	れる/られる	せる/させる	させられる/せられる
의미	~당하다 ~되다, ~받다, ~지다	시키다 ~하게 하다	억지로 ~하다 (어쩔 수 없이 ~하다)
1그룹	ない형 + れる	ない형 + せる	ない형+ せられる ない형 + される
2그룹	ない형 + られる	ない형 + させる	ない형 + させられる
する	される	させる	させられる
くる	こられる	こさせる	こさせられる

1) 수동 표현 예문

· 私は彼に気づかれなかった。 그는 내가 있는 것을 알아차리지 못했다.
· 私は泥棒に財布を盗まれました。 나는 도둑에게 지갑을 도둑맞았습니다.
· この城は江戸時代に建てられた。 이 성은 에도 시대에 지어졌다.
· 私は彼に要らないものまで持って来られた。 그는 나에게 필요 없는 것까지 가지고 왔다. (피해수동)
· 今日は運動会なのに雪に降られた。 오늘은 운동회인데 눈을 맞았다. (피해수동)

★「(ら)れる」의 기타 용법

문장 속에 「(ら)れる」형태가 등장한다고 해서 모두 수동 표현은 아니기 때문에 주의할 필요가 있다. 「(ら)れる」형태는 수동 외에도 가능, 존경, 자발 등의 기타 용법들이 있으며, 주어와 앞,뒤 문맥을 잘 살피면 어떤 의미인지 바로 파악할 수 있을 것이다.

· 수동 : ~당하다, ~되다　泥棒にダイヤを盗まれた。 도둑에게 다이아몬드를 도둑맞았다.
· 가능 : ~할 수 있다　日本なら私一人で行かれる。 일본이라면 나 혼자서 갈 수 있다.
· 존경 : ~하시다　社長は毎朝6時に起きられる。 사장님은 매일아침 6시에 일어 나신다.
· 자발 : ~해지다　祖母の健康が案じられる。 할머니의 건강이 걱정된다.

2) 사역형 예문

- 母親は娘にピアノを習わせた。어머니는 딸에게 피아노를 배우게 했다. (강제)
- 田中さんは子どもたちを自由に遊ばせた。 다나카 씨는 아이들을 자유롭게 놀게 했다. (허가 · 자상함)
- 小さい頃、よくけんかして妹を泣かせたものだ。
  어릴 때, 자주 싸움을 해서 여동생을 울리곤 했다. (유발)

★사역형 응용 표현

- 課長、具合が悪いので今日は休ませてください。 과장님, 몸이 안 좋으니까 오늘은 쉬게 해 주세요.
- その会議、私も参加させていただけませんか。 그 회의, 저도 참가 시켜주시겠습니까?
- 私にも何か手伝わせて。 나도 뭔가 돕게 해 줘.

3) 사역수동 예문

- 駅前で彼に1時間も待たせられた(=待たされた)。 역 앞에서 그 남자 때문에 1시간이나 기다렸다.
- 毎日残業させられて疲れてしまった。 매일 야근을 해야 해서 지쳤다.
- 先輩の仕事を手伝わされた。 선배가 시켜서 어쩔 수 없이 일을 도왔다.

★사역수동의 기타 표현

누군가의 행동에 의해 생긴 감정을 나타낼 때에도 사역수동형을 사용한다.

- 子供の素直さに感動させられた。 아이의 솔직함에 감동했다.
- あの店の対応にはがっかりさせられた。 그 가게의 대응에는 실망했다.
- 息子にはいつも心配させられる。 아들 때문에 항상 걱정이다.

7 연습해 봅시다. (　　　) 안에 들어갈 알맞은 조사를 서 넣으세요.

(1)　すみませんが、コピー機（　　　　　）使^{つか}わせてくださいね。

(2)　高校生の時、父（　　　　　）死なれて、大学に入れませんでした。

(3)　山田^{やまだ}さんは友達（　　　　　）2時間も待たせた。

(4)　キムさんは娘（　　　　　）キムチを作らせた。

(5)　私は弟（　　　　　）ゲーム機^きを壊^{こわ}されました。

(6)　部長^{ぶちょう}は課長^{かちょう}（　　　　　）会議の資料^{しりょう}を準備させた。

(7)　彼女は全生徒（　　　　　）大学に合格^{ごうかく}させた。

(8)　選手^{せんしゅ}たちは全国大会^{ぜんこくたいかい}で優勝^{ゆうしょう}してコーチ（　　　　　）喜ばせた。

(9)　私（　　　　　）もその本を読ませてよ。

(10)　母親は健康^{けんこう}のために子ども（　　　　　）毎日運動させる。

정답　　[1] を　　[2] に　　[3] を　　[4] に　　[5] に　　[6] に　　[7] を　　[8] を　　[9] に　　[10] を

기초문법

⑧ 연습해 봅시다. 문장에 맞도록 올바른 것을 하나를 고르세요.

(1) 新入生の歓迎会で先輩にお酒を（飲まされた・飲んだ）。

(2) 私は課長に日本の小説の翻訳を（頼まれました・頼まされました）。

(3) 先生は山田さんに作文を（書かせた・書かされた）。

(4) 山田さんは社長に会社を（やめさせられた・やめられた）。

(5) 高校の時、英語の先生に一日300個の英単語を（覚えさせられた ・覚えてもらった）。

(6) 私は飲み会で部長に歌を（歌われた・歌わされた）。

(7) 明日試験なのに友達に（来られて・来させられて）勉強できませんでした。

(8) 監督は選手たちを（走りました・走らせました）。

(9) 夏休みの宿題で、本をたくさん（読まされた・読んでいた）。

(10) 私は課長に何回も会議の資料を（作られた・作らされた）。

정답	(1) 飲まされた	(2) 頼まれました	(3) 書かせた	(4) やめさせられた	(5) 覚えさせられた
	(6) 歌わされた	(7) 来られて	(8) 走らせました	(9) 読まされた	(10) 作らされた

① 연습해 봅시다

1 딸은 자기 방에 들어간 후 나오지 않는다.
2 시험을 보는 사람은 내일 8시까지는 올 것.
3 이것보다 유쾌한 일은 없다고 생각한다.
4 세미나는 오늘로 5일이 된다.
5 도쿄은 맑은데 오사카는 비가 온다.
6 오늘 아침에 매운 것을 먹어서 목이 마르다.
7 오늘 산 책을 잃어버렸다.
8 아들은 아침에 외출한 채로 돌아오지 않는다.
9 피곤하지만 걸을 수 있는 만큼 걸어 보자.
10 그는 알고 있으면서 나에게 가르쳐 주지 않는다.

② 연습해 봅시다

1 약속은 반드시 지켜야 한다.
2 싫으면 싫다고 분명히 말하는 게 좋다.
3 오늘은 어제와 비교해서 그다지 춥지 않다.
4 나 혼자서는 도저히 먹을 수 없는 양이다.
5 아무리 찾아도 아마 발견되지 않을 것이다.
6 선생님, 기회가 있으면 또 머지 않아 찾아뵙겠습니다.
7 나는 그런 일은 전혀 생각하고 있지 않았다.
8 나는 영화관에는 좀처럼 가지 않는다.
9 오늘은 공교롭게 예약이 꽉 찼습니다.
10 부자가 반드시 행복하다고는 생각하지 않는다.

③ 연습해 봅시다

1 어쩌면 내일은 비일지도 모른다.
2 그의 이야기에는 아무리 해도 납득할 수 없다.
3 그녀에게는 왠지 마음이 끌린다.
4 중요한 약속을 깜빡 잊어버렸다.
5 무슨 일이 있어도 스파게티가 먹고 싶어서 직접 만들었다.
6 아무래도 내일은 비일 듯 하다.
7 적어도 딸의 목소리만이라도 듣고 싶다.
8 아무쪼록 그 일은 잊어 주시지 않겠습니까?
9 그는 금방이라도 울음을 터트릴 것 같았다.
10 그는 틀림없이 합격할 것이다.

④ 연습해 봅시다

1 이것은 수제품이다. 따라서 가격이 비싸다.
2 딸은 외출했다고 생각했다. 그렇지만 방에서 낮잠을 자고 있었다.
3 외출은 자유다. 다만 10시까지는 돌아오지 않으면 안 된다.
4 오늘은 일요일이지만 그에 비해서는 사람이 적다.
5 늦을지 모른다고는 했지만, 그렇다고 하더라도 늦다.
6 이 가게의 물건은 품질이 좋고 게다가 값이 싸다.
7 창문을 열었다. 그러자 밖은 눈이 내리고 있었다.
8 열심히 했다. 그런데도 실패했다.
9 내가 갈까 아니면 야마다 씨한테 와 달라고 할까 망설이고 있다.
10 납득할 수 없어서 그래서 또 질문했던 것입니다.

⑤ 연습해 봅시다

1 내일은 비가 내릴 것 같다고 합니다.
2 아빠의 이야기에 의하면 어제 근처에서 사고가 있었다고 합니다.
3 오늘은 따뜻해서 정말 봄 같은 날이었습니다.
4 성실한 그녀가 결석을 하다니 아플지도 모른다.
5 그녀는 당장이라도 울 것 같은 얼굴을 하고 있다.
6 오늘은 날씨가 좋아서, 비는 내리지 않을 것이다.
7 그녀는 얼음처럼 차갑다.
8 앗! 컵이 떨어질 것 같아요.
9 수업은 아직 시작되지 않은 것 같다.
10 시험에 합격하도록 노력하겠습니다.

⑥ 연습해 봅시다

1 나는 형에게 용돈을 받았습니다.
2 나카무라 씨는 이 씨에게 사과를 주었습니다.
3 꽃에 물을 주었다.
4 이것은 언니한테 받은 가방입니다.
5 제가 드린 펜은 아직 가지고 계십니까?
6 김 씨는 저에게 케이크를 주었습니다.
7 나는 여동생에게 수첩을 주었다.

8   남자친구는 나한테 편지를 주었다.

9   선생님은 저에게 책을 주셨습니다.

10 저는 선생님께 CD를 받았습니다.

11 이거 맛있으니까 하나 먹어 보세요.

12 어릴 때 어머니는 나에게 책을 읽어주셨습니다.

13 선생님은 저의 합격을 빌어 주셨습니다.

14 부장님은 저한테 자료 정리법을 가르쳐 주셨습니다.

15 아버지가 저에게 신발을 사 주셨습니다.

16 김 씨는 저희 오빠에게 커피를 타 주었습니다.

17 친구는 저를 3시간이나 기다려 주었습니다.

18 어린이 날에 아들에게 장난감을 사 주었다.

19 과장님은 저를 차로 바래다 주셨습니다.

20 하나코 씨는 저에게 일본노래를 가르쳐 주었습니다.

6   나는 회식에서 부장님이 부르라고 해서 억지로 노래를 불렀다.

7   내일 시험인데 친구가 놀러 와서 공부할 수 없었습니다.

8   감독은 선수들을 달리게 했습니다.

9   여름방학 숙제 때문에 어쩔 수 없이 책을 많이 읽었다.

10 과장님이 나한테 회의자료를 몇 번이나 만들게 했다.

❼ 연습해 봅시다

1   죄송하지만, 복사기를 좀 쓰게 해 주세요.

2   고등학교 때, 아버지가 돌아가셔서 대학에 들어가지 못했습니다.

3   야마다 씨는 친구를 2시간이나 기다리게 했다.

4   김 씨는 딸에게 김치를 만들게 했다.

5   남동생이 게임기를 망가뜨렸습니다.

6   부장님은 과장님에게 회의자료를 준비하게 했다.

7   그녀는 학생 전원을 대학에 합격시켰다.

8   선수들은 전국대회에서 우승해서 코치를 기쁘게 했다.

9   나한테도 그 책을 읽게 해 줘.

10 어머니는 건강을 위해 아이를 매일 운동시킨다.

❽ 연습해 봅시다

1   신입생 환영회에서 선배가 마시라고 해서 억지로 술을 마셨다.

2   나는 과장님께 일본 소설 번역을 부탁 받았다.

3   선생님은 야마다 씨에게 작문을 쓰게 했다.

4   야마다 씨는 사장님이 회사를 그만두라고 해서 어쩔 수 없이 그만두었다.

5   고등학교 때, 영어 선생님이 하루에 300개의 영어단어를 외우게 해서 억지로 외웠다.

필수**문법**

학습포인트

일본어능력시험 N3에서는 일상적인 화제에 관한 문장을 읽고 이해할 수 있어야 하며, 신문의 표제어 등에서 정보의 개요를 파악할 수 있어야 한다. 본 교재에선은 N3 필수문법 100개를 효과적으로 학습할 수 있도록 카테고리별 로 정리해 놓았다. 기계적인 암기보다는 문장을 꼼꼼히 읽고 문장 구조를 이해하길 바란다.

❶ 동사를 활용한 표현

に代わって に代わり	의미	~을(를) 대신해서
	접속	명사 + に代わって
	예문	病気の母に代わって買い物は私がしています。 아픈 엄마를 대신해서 제가 장보고 있습니다.

に関わりなく に関わらず	의미	~에 상관없이, 관계없이
	접속	명사 + に関わりなく
	예문	年齢や性別にかかわりなく、だれでも参加できます。 연령과 성별에 관계없이 누구라도 참가할 수 있습니다.

に限り に限って	의미	~에 한해서, ~만
	접속	명사 + に限り
	예문	今日に限り、全商品半額です。 오늘만 전 상품이 반값입니다.

に限らず	의미	~에 한하지 않고, ~뿐만 아니라
	접속	명사 + に限らず
	예문	鈴木さんは英語に限らず、中国語も話せます。 스즈키 씨는 영어뿐만 아니라, 중국어도 말할 수 있습니다.

~から~にかけて	의미	~에서(부터) ~에 걸쳐
	접속	명사 + から + 명사 + にかけて
	예문	日本では6月から7月にかけて雨が多いです。 일본에서는 6월부터 7월에 걸쳐서 비가 많이 내립니다.

にかけては	의미	~에 있어서는, ~만큼은
	접속	명사 + にかけては
	예문	数学にかけては彼が一番です。 수학에 있어서는 그가 제일입니다.

に比_{くら}べて	의미	～에 비해서
	접속	명사 + に比べて
	예문	今年_{ことし}の試験問題_{しけんもんだい}は昨年_{さくねん}に比_{くら}べて難_{むずか}しかった。 올해의 시험 문제는 작년에 비해 어려웠다.

に加_{くわ}えて	의미	～에다가, ～에 더해, ～만이 아니라
	접속	명사 + に加えて
	예문	雨_{あめ}に加_{くわ}えて、風_{かぜ}も吹_ふき出_だしてきた。 비가 내리는 데다가, 바람까지 불기 시작했다.

にしては	의미	～치고는
	접속	[동사, イ형용사, ナ형용사, 명사]의 보통형 + にしては
	예문	小学生_{しょうがくせい}にしてはよく漢字_{かんじ}を知_しっているね。 초등학생 치고는 한자를 잘 알고 있네.

にする になさる	의미	～(으)로 하다, ～(으)로 하시다
	접속	명사 + にする
	예문	お飲_のみ物_{もの}は何_{なに}になさいますか。음료는 무엇으로 하시겠습니까? コーヒーにします。커피로 하겠습니다.

に対_{たい}して	의미	～에 대해서〈대상〉
	접속	명사 + に対して
	예문	あの先生_{せんせい}は学生_{がくせい}に対_{たい}してきびしい。 그 선생님은 학생에 대해서 엄격하다.

について についての + 명사	의미	～에 대해(서), ～에 대한
	접속	명사 + について
	예문	今日_{きょう}は日本_{にほん}の歴史_{れきし}について勉強_{べんきょう}します。 오늘은 일본의 역사에 대해서 공부하겠습니다.

に関_{かん}して に関_{かん}する + 명사	의미	～에 관해서, ～에 관한
	접속	명사 + に関して
	예문	日本_{にほん}の文化_{ぶんか}に関_{かん}する研究_{けんきゅう}をしています。 일본문화에 관한 연구를 하고 있습니다.

に従って したが につれて	**의미**	~함에 따라
	접속	[동사 사전형, 명사] + に従って ★ 동사와 명사는 변화를 나타내는 것.
	예문	試験の日が近づくに従って、だんだん緊張してきた。 しけん ひ ちか したが きんちょう 시험 날이 다가옴에 따라, 점점 긴장 되기 시작했다.
にとって(は)	**의미**	~에 있어서(는)
	접속	명사 + にとって(は)
	예문	彼の転勤は私にとって重大な問題です。 かれ てんきん わたし じゅうだい もんだい 그의 전근은 나에게 있어서 중대한 문제입니다.
に反して はん	**의미**	~와(과) 반대로, ~에 반해
	접속	명사 + に反して
	예문	みんなの期待に反して、試合に負けてしまった。 きたい はん しあい ま 모두의 기대와 반대로 시합에 져버렸다.
によって(は)	**의미**	~에 따라서(는)〈대응〉
	접속	명사 + によって(は)
	예문	人によって考え方は違います。 ひと かんが かた ちが 사람에 따라서 사고방식은 다릅니다.
に違いない ちが	**의미**	~임이 틀림없다
	접속	[동사, イ형용사, ナ형용사, 명사]의 보통형 + に違いない ★ 단, ナ형용사와 명사의 「だ」는 붙지 않는다.
	예문	外見から彼は30歳を超えているに違いない。 がいけん かれ さい こ ちが 외모로 보면 그는 30살을 넘었음에 틀림없어.
を込めて こ	**의미**	~을 담아서
	접속	명사 + を込めて
	예문	心を込めてこの手紙を書きました。 こころ こ てがみ か 저의 마음을 담아 이 편지를 썼습니다.
を通して とお を通じて つう	**의미**	① ~을(를) 통해서, ~에게 〈수단・매개〉 ② ~을(를) 통틀어서, ~내내 〈계속적인 기간〉
	접속	명사 + を通して
	예문	① 彼とは友だちのユミを通して(≒を通じて)、知り合った。 かれ とも とお つう し あ 그와는 친구인 유미를 통해서 알게 되었다. ② この国は1年を通して(≒を通じて)暖かい。 くに ねん とお つう あたた 이 나라는 일년 내내 따뜻하다.

필수**문법**

❷ 짝을 이루는 표현

① 間 あいだ ② 間に あいだ	**의미**	① ~동안, ~사이 (계속적인 상태) ② ~동안에, ~사이에 (일회성 동작)
	접속	[동사, イ형용사, ナ형용사, 명사]의 명사 수식형 + 間 ★동사의 경우, 「동사ている형」이 된다.
	예문	① 夏休みの 間、数学の勉強をしました。 なつやす　あいだ　すうがく　べんきょう 여름방학 동안 수학공부를 했습니다. ② 私が日本にいる 間に、ぜひ遊びに来てください。 わたし　にほん　あいだ　あそ　き 제가 일본에 있는 동안에 꼭 놀러 오세요.
① おかげで(だ) ② せいで(か/だ)	**의미**	① ~덕분에, ~덕택에, ~덕택으로 (좋은 결과) ② ~탓에, ~탓인지, ~탓이다 (나쁜 결과)
	접속	[동사, イ형용사, ナ형용사, 명사]의 명사 수식형 + おかげで / せいで
	예문	① あなたが手伝ってくれたおかげで、食事の後片付けが早く終わりました。 てつだ　しょくじ　あとかたづ　はや　お 당신이 도와준 덕분에, 설거지가 빨리 끝났습니다. ② 彼女のせいで先生にしかられてしまった。 かのじょ　せんせい 그녀 때문에 선생님에게 야단맞았다.
① うちに ② ないうちに	**의미**	①~하는 동안에, ~하는 사이에 ②~하기 전에
	접속	┌ 동사 사전형·ない형 ┐ │ イ형용사 い │ + うちに │ ナ형용사な │ └ 명사の ┘
	예문	① 明日も早いし、明るいうちに帰りましょう。 あした　はや　あか　かえ 내일도 일찍이니까, 밝을 때 돌아갑시다. ② 暗くならないうちに家に帰らなければなりません。 くら　うち　かえ 어두워지기 전에 집에 돌아가야 합니다.
① まで ② までに	**의미**	① ~까지(계속), ② ~까지(기한)
	접속	[동사 사전형, 명사 + まで]
	예문	① 熱があるから、下がるまで寝た方がいいです。 ねつ　さ　ね　ほう 열이 있으니까, 내려갈 때까지 자는 편이 좋습니다. ② 大学を卒業するまでに就職先を決めたい。 だいがく　そつぎょう　しゅうしょくさき　き 대학을 졸업할 때까지 일자리를 정하고 싶다. ★참고 [まで+(계속) 동사] : 待つ, いる, 続ける, 働く, 休む, 生きる, 寝る ま　つづ　はたら　やす　い　ね [までに+(기한) 동사] : 返す, 提出する, 終わる, 結婚する, 出す, 決める かえ　ていしゅつ　お　けっこん　だ　き

① 上(に) ② 上で	의미	① ～한 데다(가) ② 우선 ～한 후에, ～한 다음에
	접속	① [동사, イ형용사, ナ형용사, 명사]의 명사 수식형 + 上(に) ② [동사 た형,명사형の] + 上で
	예문	① この店はおいしい上に、値段も安いです。 이 가게는 맛있는 데다가 값도 쌉니다. ② 家に帰って主人と相談した上で決めます。 집에 돌아가서 남편과 의논한 후에 결정하겠습니다.
① 向きの + 명사 ② 向けの + 명사	의미	① ～에 적합한(～에 알맞은) ② ～용(～을/를 위한)
	접속	① 명사 + 向きの ② 명사 + 向けの
	예문	① この店はお年寄り向きのメニューが多い。 이 가게는 노인에게 알맞는 메뉴가 많다. ② これは子ども向けの絵本です。 이것은 어린이용 그림책입니다.
① やすい ② にくい	의미	① ～하기 쉽다 ② ～하기 어렵다, ～하기 불편하다
	접속	① 동사 ます형 + やすい ② 동사 ます형 + にくい
	예문	① このワイングラスは割れやすいから、気をつけてください。 이 와인 글라스는 깨지기 쉬우니까 조심하세요. ② この魚は骨が多くて食べにくいです。 이 생선은 가시가 많아서 먹기 힘듭니다.
がたい	의미	～하기 어렵다, ～할 수 없다
	접속	동사 ます형 + がたい
	예문	彼女の言葉は許しがたいです。 그녀의 그 말은 용서할 수가 없습니다.
どんなに～ても いくら～ても	의미	아무리 ～해도
	접속	どんなに＋ ⎡동사 て형も⎤ ⎢イ형용사くても⎥ ⎣ナ형용사でも⎦
	예문	私はどんなにお酒を飲んでも顔色が変わりません。 저는 아무리 술을 마셔도 얼굴색이 변하지 않습니다. いくら安くても買いたくない。 아무리 싸도 사고 싶지 않다.

필수문법

❸ 명사를 이용한 기능어

こと	**의미**	~할 것
	접속	[동사 사전형·ない형, 명사 の] + こと
	예문	卒業論文は10月30日までに提出すること。 졸업논문은 10월 30일까지 제출할 것.
ことにする ことにしている	**의미**	~하기로 하다 〈결심〉, ~하기로 하고 있다 〈습관〉
	접속	[동사 사전형·ない형 – ない] + ことにする
	예문	今度の夏休みはアメリカへ行くことにしました。 이번 여름방학에는 미국에 가기로 했습니다. (결심) 朝起きるとジョギングをすることにしています。 아침 일어나면 조깅을 하기로 하고 있습니다. (습관)
ことになる ことになっている	**의미**	~하게 되다 〈결정〉, ~하게 되어 있다 〈규칙〉
	접속	[동사 사전형·ない형–ない]+ ことになる
	예문	2020年、日本でオリンピックが開かれることになりました。 2020년 일본에서 올림픽이 열리게 되었습니다. (결정) 学校を休む時は、前日までに先生に言うことになっています。 학교를 쉴 때에는, 전날까지 선생님에게 말하게 되어 있습니다. (규칙)
ということだ (≒とのことだ)	**의미**	① ~(이)라고 한다 〈전문〉 ② ~이다, ~(이)라는 것이다 〈결론〉
	접속	[동사, イ형용사, ナ형용사, 명사]의 보통형 + ということだ ★단, ②~이다〈결론〉에서 명사의 「だ」는 붙지 않는다.
	예문	① 中村さんから電話があって、すこし遅れるということです。 나카무라 씨한테 전화가 와서, 조금 늦을 거랍니다. ② 私の料理を食べないのは、おいしくないということだよね。 내가 만든 요리를 먹지 않는 건, 맛이 없다는 거네.
ことはない	**의미**	~할 필요는 없다
	접속	동사 사전형 + ことはない
	예문	電話で済ませばいい。わざわざ行くことはないよ。 전화로 해결하면 돼. 일부러 갈 필요는 없어.
のこと	**의미**	~에 대한 것
	접속	명사 + のこと
	예문	先生、テストのことで、ちょっとご質問があるんですが。 선생님 테스트에 관해 좀 질문이 있는데요.

ことだ	의미	～해야 한다, ～것이 좋다 〈조언・충고〉
	접속	[동사 사전형・ない형 – ない] + ことだ
	예문	何<small>なん</small>でも自分<small>じぶん</small>でやってみることだ。 뭐든 스스로 해 봐야 한다.
ところだ	의미	～할 참이다 ～하고 있는 중이다 막 ～했다 〈일의 직후〉
	접속	┌ 동사 사전형 ┐ │ 동사 ている형 │ + ところだ └ 동사 た형 ┘
	예문	これから勉強<small>べんきょう</small>するところです。 지금부터 공부하려던 참입니다. 今<small>いま</small>、向<small>む</small>かっているところだ。 지금 가고 있는 중이다. 今<small>いま</small>、バスに乗<small>の</small>ったところだよ。 지금 막 버스를 탔어.
①ところに ②ところを	의미	① 마침 ～하는 때(중)에 ② 마침 ～하는 장면을
	접속	동사 ている형 + ところに/ところを
	예문	お風呂<small>ふろ</small>に入<small>はい</small>っているところに、電話<small>でんわ</small>がかかってきた。 목욕하는 중에 전화가 걸려 왔다. デートをしているところを友達<small>ともだち</small>に見<small>み</small>られちゃった。 데이트를 하고 있는 것(장면)을 친구에게 들켜 버렸다.
ところだった	의미	～할 뻔했다
	접속	동사 사전형 + ところだった
	예문	もう少<small>すこ</small>しで、手<small>て</small>が滑<small>すべ</small>って花<small>か</small>びんを落<small>お</small>とすところだった。 하마터면 손이 미끄러져 꽃병을 떨어뜨릴 뻔했다.
たところ	의미	～했더니, ～했는데
	접속	동사 た형 + ところ
	예문	やってみたところ、意外<small>いがい</small>に難<small>むずか</small>しかった。 해 봤더니 의외로 어려웠다.
わけだ	의미	～인것은 당연하다, ～하게 된다, ～한 것이다
	접속	[동사, イ형용사, ナ형용사, 명사]의 보통형 + わけだ ★단, [ナ형용사 な, 명사 な]가 된다.
	예문	気温<small>きおん</small>が38度<small>ど</small>もある。暑<small>あつ</small>いわけだ。 기온이 38도나 된다. 더운 게 당연하다.

わけがない	의미	～일(할) 리가 없다, ～될 수가 없다, ～할 까닭이 없다
	접속	[동사, イ형용사, ナ형용사, 명사]의 보통형 + わけがない ★단, [ナ형용사 な, 명사 の]가 된다.
	예문	こんな難しい問題は子どもにできるわけがない。 이런 어려운 문제는 아이가 풀 수 있을 리가 없다.
わけではない	의미	～했던 것은 아니다, 꼭 ～인 것만은 아니다
	접속	[동사, イ형용사, ナ형용사, 명사]의 보통형 + わけではない ★단, [ナ형용사な, 명사 の]가 된다.
	예문	あなただけが悲しいわけではない。 당신만 슬픈 게 아니다.
わけにはいかない	의미	～할 수 없다
	접속	동사 사전형 + わけにはいかない
	예문	明日、試験があるので学校を休むわけにはいかない。 내일 시험이 있기 때문에 학교를 쉴 수는 없다. 父が来るので空港まで迎えに行かないわけにはいかない。 아버지가 오기 때문에 공항까지 마중 나가지 않을 수 없다.
はずだ	의미	～일 것이다, 당연히 ～할 것이다 〈필연적 귀결, 당연〉
	접속	[동사, イ형용사, ナ형용사 , 명사]의 보통형 + はずだ ★단, [ナ형용사 な, 명사 の]가 된다.
	예문	美恵さんは2時間も前に家を出たそうだから、もう着いているはずですけど。 미에 씨는 2시간이나 전에 집을 나왔다니까, 벌써 도착했을 텐데요.
はずがない	의미	～일(할) 리가 없다
	접속	[동사, イ형용사, ナ형용사, 명사]의 보통형 + はずがない ★단, [ナ형용사 な, 명사 の] 가 된다.
	예문	勉強ができない僕が大学試験に受かるはずがない。 공부를 못하는 내가 대학시험에 붙을 리가 없다.
ものだ	의미	① ～하는 법이다 〈당연〉 ② ～하곤 했다 〈회상〉
	접속	①동사 る형 + ものだ ②동사 た형 + ものだ
	예문	① 暑い夏ほどクーラーはよく売れるものだ。 더운 여름일수록 냉방 장치는 잘 팔리는 법이다. ② 子どものころ、この遊び場で友達とよく遊んだものだ。 어렸을 때 이 놀이터에서 친구랑 자주 놀곤 했다.

①～つもりで ②～つもりだ	**의미**	① ～한 셈치고 ② ～하다고 생각하다
	접속	① 동사 た형 + つもりで ② [동사, イ형용사, ナ형용사,명사]의 명사 수식형 + つもりだ ★동사는「동사 た형」의 형태로만 사용한다.
	예문	① 旅行_{りょこう}に行_いったつもりで寄付_{きふ}しました。 여행 간 셈 치고 기부했습니다. ② いつまでも若_{わか}いつもりでいたらだめですよ。 언제나 젊다고 생각하고 있으면 안 돼요.
代_かわりに	**의미**	～대신에 〈대리〉
	접속	[동사 사전형, 명사 の] + 代わりに
	예문	今朝_{けさ}はご飯_{はん}の代_かわりにパンを食_たべました。 오늘 아침은 밥 대신에 빵을 먹었습니다.
限_{かぎ}り(は)	**의미**	～하는 한(은) 〈조건의 범위〉
	접속	⎡ 동사 사전형 イ형용사 い ナ형용사 な 명사の・である ⎤ + 限り(は)
	예문	働_{はたら}けるかぎり仕事_{しごと}を続_{つづ}けるつもりだ。 활동할 수 있는 한, 일을 계속할 작정이다.
最中_{さいちゅう}(に)	**의미**	～하는 중(에), ～하는 도중(에)
	접속	[동사 ている형, 명사 の] + 最中(に)
	예문	勉強_{べんきょう}している最中_{さいちゅう}に停電_{ていでん}した。 한창 공부하는 중에 정전이 됐다.
たび(に)	**의미**	～(할 때)마다
	접속	[동사 사전형, 명사 の] + たび(に)
	예문	私_{わたし}はこの歌_{うた}を聞_きくたびに学生時代_{がくせいじだい}を思_{おも}い出_だします。 나는 이 노래를 들을 때마다 학창시절이 생각납니다.
ため(に)	**의미**	① ～때문에 〈원인〉 ② ～하기 위해(서) 〈목적〉
	접속	① [동사, イ형용사, ナ형용사, 명사]의 명사 수식형 + ため(に) ★단, [명사−だ, ナ형용사−だ]는 [명사−である, ナ형용사−である]가 되 는 경우도 있다. ② [동사 사전형, 명사 の] + ため(に)
	예문	① 人身事故_{じんしんじこ}のため、電車_{でんしゃ}が遅_{おく}れています。 인사사고 때문에 전철이 지연되고 있습니다. ② 旅行_{りょこう}の費用_{ひよう}をためるためにアルバイトをしています。 여행 비용을 모으기 위해서 아르바이트를 하고 있습니다.

필수문법

とおり(に) どおり(に)	의미	〜대로, 〜한 그대로
	접속	[동사 사전형・た형, 명사 の] + とおり(に) 명사 + どおり(に)
	예문	先生の言ったとおりにしました。 선생님이 말한 대로 했습니다.

❹ ます・て・た・ない형에 접속하는 기능어

すぎる	의미	지나치게 〜하다
	접속	[ます형, イ형용사 어간, ナ형용사 어간] + すぎる ★ [ない → なさすぎる, いい・よい → よすぎる]
	예문	お酒を飲みすぎて、頭が痛いです。 술을 너무 많이 마셔서 머리가 아픕니다.
きる きれる	의미	(완전히) 〜하다 (완전히) 〜할 수 있다
	접속	ます형 + きる
	예문	一週間でこの本を読みきるつもりだ。 일주일 안에 이 책을 다 읽을 작정이다. 夜空には数えきれないほどの星が光っている。 밤하늘에는 헤아릴 수 없을 만큼의 별이 반짝이고 있다.
たて	의미	갓(방금) 〜한
	접속	ます형 + たて
	예문	焼きたてのパンはおいしい。 갓 구운 빵은 맛있다.
つける	의미	늘 〜해오다, 항상(자주) 〜하다
	접속	ます형 + つける
	예문	食べつけないものを食べたらお腹が痛くなった。 평소에 먹지 않는 것을 먹었더니, 배가 아프기 시작했다.
ぬく	의미	끝까지 〜해내다
	접속	ます형 + ぬく
	예문	マラソンの途中、足をけがしたが、最後まで走りぬいた。 마라톤 도중 다리부상을 입었지만, 끝까지 달렸다.

かけだ かけの + 명사 かける	**의미**	～하고 있는 도중이다 ～하다 만 ～하려고 하다
	접속	ます형 + かけだ
	예문	妹はご飯を食べかけで長電話をしている。 여동생은 밥을 먹다 말고, 장시간 전화를 하고 있다. テーブルの上に飲みかけのコーヒーがおいてあった。 테이블 위에 마시다 만 커피가 놓여 있었다. 友達に手紙を書きかけた時、玄関のベルが鳴った。 친구에게 편지를 막 쓰기 시작했을 때, 현관 벨이 울렸다.
もしない	**의미**	～도 하지 않다
	접속	ます형 + もしない
	예문	せっかくケーキを作ったのに、彼女は食べもしない。 모처럼 만든 케이크인데, 그녀는 먹지도 않는다.
なきゃ(なければ) なくちゃ(なくては) ないと	**의미**	～하지 않으면 (안 돼)
	접속	동사 ない형 + なきゃ
	예문	やってみなきゃ分からない。해보지 않으면, 모른다. 勉強しなくちゃ試験に受からない。 공부하지 않으면, 시험에 붙지 않는다.
てくる	**의미**	～하기 시작하다, ～해지다 〈과거～현재의 변화가 나타남〉
	접속	동사 て형 + くる
	예문	日本の生活に慣れてきました。 일본 생활에 익숙해졌습니다.
ていく	**의미**	～해 가다 〈현재～미래의 변화가 나타남〉
	접속	동사 て형 + いく
	예문	毎日運動しているので、少しずつ体重が減っていくと思います。 매일 운동을 하니까, 조금씩 체중이 줄어들 거라고 생각합니다.
ちゃう ★てしまう의 축약형	**의미**	～해 버리다
	접속	동사 て형 + ちゃう ★[てしまう=ちゃう, でしまう=じゃう]
	예문	不注意で3万円の花瓶を割っちゃった。 부주의로 3만 엔짜리 꽃병을 깨고 말았다. 面白かったので1日で2冊も読んじゃった。 재밌었기 때문에 하루 만에 두 권이나 읽어 버렸다.

필수문법

てほしい **てもらいたい**	**의미**	~해 주길 바란다
	접속	동사 て형 + ほしい/もらいたい
	예문	あのう、赤いスカートを見せてほしいんですが…。 저, 빨간 스커트를 보여 주셨으면 합니다만…. 先輩に教えてもらいたいことがあります。 선배에게 배우고 싶은 것이 있습니다.
てみせる	**의미**	~해 보이겠다, ~해 보이고 말겠다 〈각오〉
	접속	동사 て형 + みせる
	예문	今度の試験は100点を取ってみせる。 이번 시험은 100점을 따겠다.
てはじめて	**의미**	~해서야 비로소
	접속	동사 て형 + はじめて
	예문	自分で経験してみてはじめてそのおもしろさがわかるのです。 직접 경험해 보고 나서 비로소 그 재미를 알 수 있습니다.
て以来	**의미**	~한 이래로, ~한 이후
	접속	동사 て형 + 以来
	예문	就職して以来、毎月5万円ずつ貯金している。 취직한 이후, 매월 5만 엔씩 저금하고 있다.
まま	**의미**	~인 채(로) ~한 대로
	접속	동사 た형 イ형용사い ナ형용사な + まま 명사の この・その・あの
	예문	電気をつけたまま、寝てしまった。 불(전등)을 켜둔 채 자 버렸다. ★ 단, 「동사 사전형 + まま(に)」는 '~되는 대로 맡김, ~대로'라는 의미이다. 気のむくままに歩き回った。 발길 닿는 대로 돌아다녔다.
たとたん(に)	**의미**	~하자마자, ~한 순간
	접속	동사 た형 + とたん(に)
	예문	ユリちゃんは家に着いたとたん、遊びに行ってしまった。 유리는 집에 도착하자마자 놀러 나가 버렸다.

いっぽう 一方だ	의미	~할 뿐이다, 오로지 ~하기만 하다
	접속	동사 사전형 + 一方だ ★변화를 나타내는 동사와 함께 사용한다.
	예문	ちきゅうかんきょう 地球環境はどんどん悪くなる一方だ。 지구환경은 점점 나빠지기만 한다.
おそ 恐れがある	의미	~할 우려가 있다
	접속	[동사 사전형, 명사 の] + おそれがある
	예문	すこ あめ こうずい おそ もう少し雨がひどくなると、洪水の恐れがある。 조금 더 비가 심해지면, 홍수가 날 우려가 있다.
がる	의미	~어 하다, ~싶어하다
	접속	⎡ 동사 ‐ たい い형용사 어간 ⎤ +がる ⎣ な형용사 어간 ⎦
	예문	やまだ よ ほん これは山田さんが読みたがっている本です。 이것은 야마다 씨가 읽고 싶어 하는 책입니다.
かもしれない	의미	~일지도 모른다
	접속	[동사・イ형용사・ナ형용사・명사]의 보통형 + かもしれない ★단, な형용사와 명사에 「だ」를 붙지 않는다.
	예문	くち あ これはあなたの口に合わないかもしれません。 이것은 당신의 입맛에 안 맞을지도 모릅니다.
ごとに	의미	~(할 때)마다
	접속	[동사 사전형, 명사] + ごとに
	예문	ねつ ぷん 熱を30分ごとにはからなければなりません。 열을 30분마다 재야 합니다. かのじょ み かわい 彼女は見るごとに可愛くなる。 그녀는 볼 때마다 예뻐진다.
(さ)せてくれませんか	의미	~하게 해(시켜) 주십시오, 제가 ~해도 될까요?
	접속	동사‐사역형 + (さ)せてくれませんか
	예문	しごと わたし この仕事は私にやらせてくれませんか。 이 일은 저에게 시켜 주지 않겠습니까? はなし わたし き その話、私にも聞かせてくれませんか。 그 이야기, 저에게도 들려주시지 않겠습니까?

필수문법

(さ)せてもらえませんか	의미	～하게 해 주십시오, ～해도 될까요?
	접속	동사 – 사역형 + (さ)せてもらえませんか
	예문	私<small>わたし</small>に説明<small>せつめい</small>させてもらえませんか。제가 설명해도 될까요?

たら	의미	① ～하면, ～라면(그 후에) 〈가정〉 ② ～했더니 (=と) 〈발견〉
	접속	동사たら イ형용사かったら ナ형용사だったら 명사だったら
	예문	① 駅<small>えき</small>に着<small>つ</small>いたら電話<small>でんわ</small>してください。 역에 도착하면 전화해 주세요. ② 窓<small>まど</small>を開<small>あ</small>けたら(=開<small>あ</small>けると)富士山<small>ふじさん</small>が見<small>み</small>えた。 창문을 열었더니 후지산이 보였다.

たらいい たらだめ	의미	① ～하면 된다 ② ～하면
	접속	［동사たら イ형용사かったら ナ형용사だったら 명사だったら］+ いい / だめ
	예문	① 分<small>わ</small>からないことがあったら、先生<small>せんせい</small>に聞<small>き</small>いたらいいよ。 모르는 것이 있으면, 선생님께 물어보면 돼. ② 危<small>あぶ</small>ないのでここで遊<small>あそ</small>んだらだめ。 위험하기 때문에 여기에서 놀면 안 돼.

ばよかった たらよかった とよかった	의미	～하면 됐다 〈후회〉
	접속	［동사 ば・たら・と］+ よかった
	예문	遅刻<small>ちこく</small>してしまった。もっと早<small>はや</small>く家<small>いえ</small>を出<small>で</small>ればよかった。 지각해 버렸다. 더 일찍 집을 나오면 됐었다.

というより (=というか)	의미	～라기보다
	접속	［동사, イ형용사, ナ형용사, 명사］의 보통형 + というより
	예문	今日<small>きょう</small>は涼<small>すず</small>しいというより寒<small>さむ</small>いです。 오늘은 시원하다기보다 춥습니다.

といっても	의미	～라고 해도
	접속	［동사, イ형용사, ナ형용사, 명사］의 보통형 + といっても
	예문	学校<small>がっこう</small>といっても、生徒<small>せいと</small>が12名<small>めい</small>しかいないんです。 학교라고 해도, 학생이 12명밖에 없습니다.

というと といえば といったら	의미	~하면, ~라고 하면 〈연상〉
	접속	명사 + というと
	예문	日本の食べ物というとおすしをイメージします。 일본의 음식이라고 하면, 초밥을 떠올립니다.
として としても としては	의미	~(으)로서, (으)로서도, (으)로서는 〈자격〉
	접속	명사 + として(も/は)
	예문	国際料理コンクールに日本代表として出場することになった。 국제 요리 대회에 일본 대표로서 출전하게 되었다.
としても	의미	~한다고 해도
	접속	[동사, イ형용사, ナ형용사, 명사]의 보통형 + としても ★단, な형용사와 명사에「だ」는 붙지 않는 경우가 있다.
	예문	彼はそのお金を全部ではないとしても、大部分は使ってしまった。 그는 그 돈을 전부 아니라 하더라도, 대부분은 써 버렸다.
とともに	의미	~(와)과 함께
	접속	[동사(の), 명사] + とともに
	예문	お正月は家族とともに過ごしたい。 설날은 가족과 함께 보내고 싶다.
とは と(いうの)は って(いうのは)	의미	~(이)라는 것은
	접속	⎡ 동사 사전형 イ형용사 い ナ형용사 (だ) 명사 ⎤ + とは
	예문	デジカメと(いうの)はデジタルカメラのことです。 데지카메라는 것은 디지털 카메라입니다.
なんか	의미	~등, ~따위(경시)
	접속	명사 + なんか(=なんて)
	예문	今日映画なんかどうですか。오늘 영화 같은 건 어때요? 化粧なんかしなくていいよ。화장 따위 하지 않아도 돼.
なんて	의미	① ~따위 ② ~하다니
	접속	① [동사 사전형, 명사] + なんて ② [동사, イ형용사, ナ형용사, 명사]의 보통형 + なんて
	예문	① 友達なんて要らないと思ったことは誰でも一度はある。 친구 따위 필요없다고 생각한 적은 누구라도 한 번은 있다. ② 彼が東大に受かるなんて信じられません。 그가 도쿄대학에 합격하다니, 믿을 수 없습니다.

らしい	의미	~답다, ~다운
	접속	명사 + らしい
	예문	今日は夏らしい天気ですね。 오늘은 (전형적인) 여름다운 날씨네요.
ように	의미	① ~하도록, ~하지 않도록 〈충고〉 ② ~할 수 있도록 〈목적〉
	접속	① [동사 사전형 · ない형–ない] + ように ② [동사 사전형 · ない형–ない · 가능형] + ように
	예문	① 明日は試験なので、遅刻しないように。 내일은 시험이니까, 지각하지 않도록. ② 明日、早く起きられるように、なるべく早く寝ましょう。 내일 일찍 일어날 수 있도록, 가능한 한 일찍 잡시다.
っけ	의미	~였지?, ~였나?
	접속	[동사, イ형용사, ナ형용사, 명사]의 보통형 + っけ ★[~ましたっけ, ~でしたっけ]로도 사용한다.
	예문	あの人の名前、何だっけ。 저 사람 이름, 뭐였지?
(んだ)って	의미	① ~(이)래, ~(이)라고 하던데 〈전문〉 ② ~(이)라니, ~(이)라는 것은 〈주제〉
	접속	① [동사,イ형용사,ナ형용사,명사]의 보통형 + (んだ)って ★[~ますって, ~ですって]로도 사용한다. ★단, [명사–だ, ナ형용사–だ]는 [명사·ナ형용사–なんだって]가 된다. ② ┌ 동사 사전형 (の) 　 イ형용사 い 　 ナ형용사의 어간　+ って 　 └ 명사
	예문	① 花子さんは風邪でお休みですって。 하나코 씨는 감기로 쉰다고 하던데요. ② お話って、何でしょうか。 이야기라니, 뭐지요?
もの **もん**	의미	~인 것을, ~하단 말이야
	접속	[동사, イ형용사, ナ형용사, 명사]의 보통형 + もの
	예문	A どうして食べないの。 왜 안 먹는 거야? B だって、おいしくないんだもん。 왜냐면, 맛 없는 걸.

んじゃない？ のではないだろうか のではないでしょうか	의미	～(이)지 않니? ～것이 아닐까? ～것이 아닐까요?
	접속	[동사, イ형용사, ナ형용사, 명사]의 보통형 + んじゃない ★단, [ナ형용사 な, 명사 な]가 된다.
	예문	調子がいいから、今回の試合ではいい成績があげられるのではないだろうか。 컨디션이 좋으니까 이번 시합에서는 좋은 성적을 올릴 수 있지 않을까?

❻ 시험에 자주 나오는 조사

には	의미	～하기 위해서는(목적)
	접속	동사 사전형 + には
	예문	アメリカの大学に行くには実際にどんな準備をすればいいでしょうか。 미국의 대학에 가기 위해서는 실제로 어떤 준비를 하면 될까요?
くらい / ぐらい (≒ほど)	의미	～정도, ～쯤
	접속	명사 + くらい (≒ほど)　★수량을 나타내는 명사에 붙는다.
	예문	家から駅まで10分くらいかかる。 집에서 역까지 10분 정도 걸린다.
だけ	의미	～만큼
	접속	[동사, イ형용사, ナ형용사, 명사]의 명사 수식형 + だけ ★단, [명사－の]의 「の」는 붙지 않는다.
	예문	やれるだけやってみましょう。 할 수 있는 데까지 해 봅시다.
しか～ない だけしか～ない	의미	～밖에 ～않다
	접속	명사 + だけしか + 동사 ない형 － ない
	예문	私はまだひらがなだけしか書けません。 나는 아직 히라가나밖에 못 씁니다.
とか…とか	의미	～든가 ～든가
	접속	[동사, イ형용사, ナ형용사, 명사]의 보통형 + とか ★단, な형용사와 명사에 「だ」는 붙지 않는다.
	예문	いつか仕事をやめるとか続けるとか言っているけど、どうするつもりですか。 언젠가는 일을 그만두겠다느니 계속 하겠다느니 하는데, 어떻게 할 생각입니까?

こそ	의미	〜(이)야 말로
	접속	[명사 + こそ]
	예문	今度<ruby>今<rt>こん</rt></ruby><ruby>度<rt>ど</rt></ruby>こそ<ruby>負<rt>ま</rt></ruby>けないよ。 이번에야 말로 지지 않겠어.
ほど〜ない	의미	〜만큼 〜하지 않다
	접속	명사 + ほど + [동사 ない형 / イ형용사 く / ナ형용사 では / 명사 では] + ない
	예문	<ruby>今日<rt>きょう</rt></ruby>も<ruby>寒<rt>さむ</rt></ruby>いが、<ruby>昨日<rt>きのう</rt></ruby>ほど<ruby>寒<rt>さむ</rt></ruby>くない。 오늘도 춥지만, 어제만큼은 아니다.
ば〜ほど	의미	〜하면 〜할수록
	접속	[동사 え단 / イ형용사 けれ / ナ형용사 なら] +ば [동사 기본형 / イ형용사 い / ナ형용사 な] + ほど
	예문	<ruby>日本語<rt>にほんご</rt></ruby>の<ruby>勉強<rt>べんきょう</rt></ruby>はすればするほど<ruby>難<rt>むずか</rt></ruby>しい。 일본어 공부는 하면 할수록 어렵다.
たばかりだ たばかりの	의미	막 〜했다, 막〜한
	접속	동사 た형 + たばかりだ
	예문	まだ<ruby>入社<rt>にゅうしゃ</rt></ruby>したばかりの<ruby>新入社員<rt>しんにゅうしゃいん</rt></ruby>です。 아직 입사한 지 얼마 안 된 신입사원입니다.
さえ	의미	〜조차
	접속	명사 +(で)さえ
	예문	<ruby>彼<rt>かれ</rt></ruby>は<ruby>漢字<rt>かんじ</rt></ruby>はもちろん、ひらがなさえ<ruby>書<rt>か</rt></ruby>けない。 그는 한자는 물론이고, 히라가나조차 못 쓴다.
さえ〜ば	의미	〜만 〜하면, 〜만 있으면
	접속	동사 ます형 + さえ +すれば 명사 + さえ+ 동사 え단 − ば
	예문	この<ruby>薬<rt>くすり</rt></ruby>を<ruby>飲<rt>の</rt></ruby>みさえすれば、すぐ<ruby>治<rt>なお</rt></ruby>ります。 이 약을 먹기만 하면, 금방 낫습니다. <ruby>お金<rt>かね</rt></ruby>さえあれば<ruby>必<rt>かなら</rt></ruby>ず<ruby>幸<rt>しあわ</rt></ruby>せになれるわけではない。 돈만 있으면 반드시 행복해질 수 있는 것은 아니다.

자주 쓰이는 특별한 존경어 · 겸양어 일람표

일반동사	존경어	겸양어
行く(가다)	いらっしゃる	参る
	おいでになる	
来る(오다)	いらっしゃる	
	おいでになる	
	お見えになる	
	お越しになる	
いる(있다)	いらっしゃる	おる
	おいでになる	
会う(만나다)	お会いになる	お目にかかる
食べる(먹다) 飲む(마시다)	召し上がる	いただく · 頂戴する
聞く(듣다 / 묻다)	お聞きになる	承る · 伺う
訪ねる(방문하다)	お訪ねになる	伺う · 上がる
言う(말하다)	おっしゃる	申す · 申し上げる
知っている(알다)	ご存じだ	存じている · 存じ上げている
思う(생각하다)		存じる
借りる(빌리다)		拝借する
あげる(나 → 남 주다)		差し上げる
くれる(남 → 나 주다)	くださる	
見る(보다)	ご覧になる	拝見する
見せる(보여 주다)		ご覧に入れる · お目にかける
する(하다)	なさる	いたす

필수경어

일반동사 존경표현

お(ご)～になる	おかけになった番号は、現在使われておりません。 지금 거신 번호는 현재 사용되고 있지 않습니다. この電車には、ご乗車になれませんのでご注意ください。 이 전철에는 승차하실 수 없으니 주의해 주십시오. ちらのコート、一度お召しになってみてください。 이 코트, 한번 입어 봐 주세요. ★예외 : 「見る → ご覧になる」「行く・来る・いる → おいでになる」 「寝る → お休みになる」「着る → お召しになる」
～(ら)れる	毎日何杯コーヒーを飲まれますか。 매일 커피는 몇 잔 드십니까? 社長は、いつも電車で通勤されます。 사장님은 늘 전철로 통근하십니다.
～なさる	パーティーに出席なさいますか。 파티에 출석하십니까? 飲み物は何になさいますか。 음료는 무엇으로 하시겠습니까?
お(ご)～なさる	そんなにご心配なさらなくても大丈夫ですよ。 그렇게 걱정하시지 않아도 괜찮습니다. ご心配なさらないでください。 걱정하시지 마세요.
お(ご)～だ	携帯電話は何をお使いですか。 휴대전화는 무엇을 사용하십니까?
～てくださる	論文の書き方について、先生が助言してくださった。 논문 쓰는 법에 대해서, 선생님께서 조언을 해주셨다.
お(ご)～くださる	ご連絡くださいまして、ありがとうございます。 연락 주셔서 감사합니다. 本日はお招きくださり、大変感謝しております。 오늘은 초대해 주셔서, 대단히 감사합니다. ご了承くださる(くださいます)よう、お願い申し上げます。 양해해 주시길 부탁 드리겠습니다.
お(ご)～ください	なるべく、早いうちにご連絡ください。 되도록 빨리 연락주세요. 商品がきましたら、こちらにお振込みください。 상품이 도착하면, 이쪽으로 입금해 주세요.

일반동사 겸양표현

お(ご)〜する	家<ruby>いえ</ruby>までお送<ruby>おく</ruby>りします。 집까지 모셔다 드리겠습니다. 明日<ruby>あした</ruby>、先生<ruby>せんせい</ruby>にお会<ruby>あ</ruby>いしたいのですが。 내일, 선생님을 뵙고 싶습니다만. ご面倒<ruby>めんどう</ruby>をおかけしますが、よろしくお願<ruby>ねが</ruby>いします。 번거롭게 해 드립니다만, 잘 부탁드립니다. 安<ruby>やす</ruby>くておいしい店<ruby>みせ</ruby>をご紹介<ruby>しょうかい</ruby>します。 싸고 맛있는 가게를 소개하겠습니다
(お / ご)〜いたす	食事<ruby>しょくじ</ruby>はこちらでご用意<ruby>ようい</ruby>いたします。 식사는 저희가 준비하겠습니다. 明日<ruby>あした</ruby>までにお知<ruby>し</ruby>らせいたします。 내일까지 알려 드리겠습니다. よろしくお願<ruby>ねが</ruby>いいたします。 잘 부탁합니다.
お(ご)〜申<ruby>もう</ruby>し上<ruby>あ</ruby>げる	ここから先<ruby>さき</ruby>は、私<ruby>わたし</ruby>がご案内<ruby>あんない</ruby>申<ruby>もう</ruby>し上<ruby>あ</ruby>げます。 이제부터는 제가 안내해 드리겠습니다. では、本日<ruby>ほんじつ</ruby>の午後<ruby>ごご</ruby>にお届<ruby>とど</ruby>け申<ruby>もう</ruby>し上<ruby>あ</ruby>げます。 그럼, 오늘 오후에 배달해 드리겠습니다.
お(ご)〜いただく	少々<ruby>しょうしょう</ruby>、お待<ruby>ま</ruby>ちいただけますか。 잠시 기다려주시겠습니까? ご意見<ruby>いけん</ruby>をお聞<ruby>き</ruby>かせいただきたいんですが。 의견을 들려 주셨으면 합니다만. お問<ruby>と</ruby>い合<ruby>あ</ruby>わせの件<ruby>けん</ruby>、ご確認<ruby>かくにん</ruby>いただけますか。 문의한 건, 확인해 주시겠습니까?
〜ていただく	企画書<ruby>きかくしょ</ruby>に目<ruby>め</ruby>を通<ruby>とお</ruby>していただけたでしょうか。 기획서를 훑어봐 주셨나요? 教<ruby>おし</ruby>えていただいたレシピどおりに作<ruby>つく</ruby>りました。 가르쳐 주신 요리법대로 만들었습니다.
〜させていただく	今日<ruby>きょう</ruby>は休<ruby>やす</ruby>ませていただけますか。 오늘은 쉬어도 되겠습니까? では、優勝者<ruby>ゆうしょうしゃ</ruby>を発表<ruby>はっぴょう</ruby>させていただきます。 그럼, 우승자를 발표하겠습니다. 今日<ruby>きょう</ruby>はこれで、失礼<ruby>しつれい</ruby>させていただきます。 오늘은 이것으로 실례하겠습니다.

필수**경어**

ございます	「あります」의 공손한 표현
	お手洗^{てあら}いは、あちらにございます。 화장실은 저쪽에 있습니다.
〜でございます	「です」의 정중어
	こちらが、あの有名^{ゆうめい}な奈良^{なら}の大仏^{だいぶつ}でございます。 이쪽이 그 유명한 나라의 대불입니다.
〜てよろしいですか 〜でしょうか	「いいですか・ですか」의 정중어
	では、次^{つぎ}のミーティングは来週木曜日^{らいしゅうもくようび}でよろしいですか。 그럼, 다음 미팅은 다음 주 목요일로 괜찮으십니까?

📍 **연습해 봅시다.** _____안에 들어갈 알맞은 말을 고르세요.

(1) 客 『すみません、婦人服売り場は何階ですか。』
案内の人『 はい、3階に _____。』
　　1　いらっしゃいます　　　　2　ございます

(2) _____ うれしいです。
　　1　お目にかかれて　　　　　2　お目にかけられて

(3) A『こちらの会員になりたいんですが。』
B『ありがとうございます。では、こちらにお名前、ご住所、連絡先などを
_____。』
　　1　ご記入してください　　　2　ご記入ください

(4) 田中先生は大阪から _____。
　　1　まいりました　　　　　　2　おいでになりました

(5) よろしかったら _____。
　　1　お教えしましょうか　　　2　お教えになりましょうか

(6) どうぞ、_____。
　　1　召し上がってください　　2　いただいてください

(7) 先生は大学で日本語を教えて _____ そうです。
　　1　いらっしゃる　　　　　　2　おる

(8) これは山田部長が _____ 写真です。
　　1　お撮りになった　　　　　2　お撮りした

(9) 私はIT関連の仕事をして _____。
　　1　ございます　　　　　　　2　おります

(10) 先生は週末にいつも何を _____。
　　1　なさいますか　　　　　　2　いたしますか

정답　　[1] ②　　[2] ①　　[3] ②　　[4] ②　　[5] ①　　[6] ①　　[7] ①　　[8] ①　　[9] ②　　[10] ①

(11) だいぶ _____ が、お元気でいらっしゃいますか。

    1 涼しくなっておりました   2 涼しくなってまいりました

(12) すみません、ペンを _____ よろしいですか。

    1 拝借しても   2 お借りされても

(13) この服は日本製 _____。

    1 でございます   2 とございます

(14) 昨日、課長の結婚式でおいしいお料理をたくさん _____。

    1 召し上がりました   2 いただきました

(15) A 『 もしもし、S社ですか。山田さんはいらっしゃいますか。』

    B 『 山田はいま、出かけて _____。』

    1 ございます   2 おります

(16) ちょっと _____ が、池袋駅へはどう行ったらいいでしょうか。

    1 伺います   2 申し上げます

(17) もっとゆっくり _____。

    1 ご説明にしてくださいますか 2 ご説明くださいますか

(18) 母は明日、こちらへ _____。

    1 いらっしゃいます   2 まいります

(19) A 『 先生がお書きになった本ですね。_____ もらえませんか。』

    B 『 どうぞ、ご覧ください。』

    1 拝見させて   2 拝見して

(20) A 『 今週の日曜日に私の家へいらっしゃってください。』

    B 『 はい、ぜひ _____。』

    1 伺います   2 おいでになります

정답   (11) ②   (12) ①   (13) ①   (14) ②   (15) ②   (16) ①   (17) ②   (18) ②   (19) ①   (20) ①

연습해봅시다

1　손님　「저기~, 부인복 매장은 몇 층입니까?」
　　안내원　「네, 3층입니다.」

2　만나 뵙게 되어 반가워요.

3　A「여기 회원이 되고 싶은데요.」
　　B「감사합니다. 그러면 여기에 성함, 주소, 연락처를 기재해 주세요.」

4　다나카 선생님은 오사카에서 오셨습니다.

5　괜찮으시다면 가르쳐 드릴까요?

6　사양 말고 드세요.

7　선생님은 대학에서 일본어를 가르치고 계신답니다.

8　이것은 야마다 부장님이 찍으신 사진입니다.

9　저는 IT 관련 일을 하고 있습니다.

10　선생님은 주말에 항상 무엇을 하십니까?

11　꽤 서늘해졌습니다만, 건강하신지요?

12　죄송합니다, 펜을 빌려도 될까요?

13　이 옷은 일본제입니다.

14　어제 부장님 결혼식에서 맛있는 음식을 많이 먹었습니다.

15　A「여보세요, S사입니까? 야마다 부장님 계십니까?」
　　B「야마다 부장은 외근 중입니다.」

16　좀 여쭤보겠는데요, 이케부쿠로 역은 어떻게 가면 됩니까?

17　좀 더 천천히 설명해 주시겠습니까?

18　어머니는 내일, 여기에 옵니다.

19　A「선생님이 쓰신 책이군요. 봐도 되겠습니까?」
　　B「그래요, 보세요.」

20　A「이번 주 일요일에 저희 집에 오세요.」
　　B「네, 꼭 가겠습니다.」

問題 1 ▶ 문법형식판단

◖ 문제유형 **문법형식판단(13문항)**

문장의 내용에 맞는 문형 표현 즉, 기능어를 찾아서 넣는 문제이다.

問題1 次の文の(　　　)にいれるのに最もよいものを、1・2・3
・4から一つえらびなさい。

1　ダイエットをしているが、ケーキが食べたくて(　　　)。

  1　ほしい   2　しかたがない

  3　はいけない   4　なりかねない

| 1 | ① ● ③ ④ |

◖ 포인트

〈問題1〉에서는 기능어 외에도 경어 표현에서 1문항, 복합조사나 수동과 사역 표현이나 기
능어 앞에서 활용어의 접속형식에서도 2~3문항이 출제된다. 선택지가 긴 문제는 4~5문
항 정도가 출제되는데 이것들은 선택지를 먼저 보면 현혹되기 쉬우므로, 문제를 주의 깊
게 읽고, 괄호 속에 알맞은 말을 자기의 생각을 메모한 다음에 선택지를 고르는 편이 정
답을 찾는데 도움이 된다. 선택지가 긴 문제는 배점도 크기 때문에 신중하게 풀어야 한다.

◖ 학습요령

① 많은 기능어를 단어처럼 달달 외워서 합격됐던 시대는 끝났다. 앞으로는 기본적인 기
능어가 들어있는 좋은 예문을 문장 단위로 외우는 연습이 필요하다.
② 〈問題1〉에서는 괄호 안에 알맞은 기능어를 넣는 문제가 출제되는데, 짧은 기능어만을
골라서 넣는 문제보다도 아주 기본적인 기능어와 조사 등이 섞인 비교적 긴 말을 골라
서 넣는 문제가 많이 출제된다. 기능어 그 자체에 대한 지식보다 문장구조에 대한 이
해력과 판단력이 중요시 되기 때문이다.

問題1 つぎの文の（　　　）に入れるのに最もよいものを、1・2・3・4から一つえらびなさい。

1 このレストランは、曜日（　　　）メニューが替わる。

1 ごとに　　　　2 ついでに　　　　3 たびに　　　　4 ところに

2 ご飯を炊いている（　　　）、電話がかかってきた。

1 ところが　　　2 ところで　　　3 ところを　　　4 ところに

3 私は兄（　　　）背が高くありません。

1 くらい　　　　2 ばかり　　　　3 ほど　　　　　4 だけ

4 私がいない（　　　）妹が部屋に入ったのかな。新しいハンドバッグが見当たらない。

1 間　　　　　　2 間に　　　　　3 ところ　　　　4 ところに

5 彼は背が高くてハンサムな（　　　）勉強もできて女の子にもてます。

1 上に　　　　　2 ために　　　　3 上で　　　　　4 おかげで

6 久しぶりに友達に会っておしゃべりしている（　　　）日が暮れてしまった。

1 うちで　　　　2 うちに　　　　3 上で　　　　　4 上に

7 兄に教えてもらった（　　　）数学の宿題が早く終わった。

1 おかげで　　　2 ばかりに　　　3 せいで　　　　4 うちに

8 上級のクラスに入るなら、この（　　　）の問題は解けないとね。

1 ほど　　　　　2 だけ　　　　　3 くらい　　　　4 ばかり

9 先生に（　　　）、私が入れる大学はないと言われた。

1 相談してみたところ　　　　　　2 相談してみるところ
3 相談していたところ　　　　　　4 相談しているところ

10 私は夏の（　　　）ずっと、沖縄の親戚の家に行っていました。

1 間に　　　　　2 間　　　　　　3 までに　　　　4 まで

정답　　1①　　2④　　3③　　4②　　5①　　6②　　7①　　8③　　9①　　10②

問題1 つぎの文の（　　　）に入れるのに最もよいものを、1・2・3・4から一つえらびなさい。

1 彼が大学に落ちたなんて、信じ（　　　）です。

　　1　にくい　　　　　2　やすい　　　　3　がたい　　　　　4　むずかしい

2 手紙を出す（　　　）メールで用件を伝えた。

　　1　に代わって　　2　おかげで　　　3　代わりに　　　　4　せいで

3 お腹がいっぱいで食べ（　　　）ので、残してもいいですか。

　　1　きれない　　　2　きる　　　　　3　かけない　　　　4　かける

4 （家で）

　　A「あなた、またジムに行くの。ちょっと運動しすぎじゃない。」

　　B「きみが（　　　）んだよ。たまには一緒に行こうよ。」

　　1　運動しなさすぎる　　　　　　　2　運動しすぎない

　　3　運動しきる　　　　　　　　　　4　運動しきれない

5 お客さま。すみませんが、ここではタバコが（　　　）。

　　1　吸えないことにしているんですが　　2　吸えないことになっているんですが

　　3　吸わないことにしているんですが　　4　吸わないことになっているんですが

6 この仕事が終わらない（　　　）家に帰ることができません。

　　1　かぎり　　　　2　代わり　　　　3　あいだ　　　　　4　おかげで

7 （居間で）

　　母「ミホちゃん、宿題やり（　　　）で、何してるの。」

　　娘「お願い、このドラマだけ見させて。」

　　1　つけ　　　　　2　ぬき　　　　　3　たて　　　　　　4　かけ

8 この箱、変なにおいが（　　　）。何が入っているんですか。

1　します　　　　　2　なります　　　3　でます　　　　　4　入ります

9 魚は骨が多くて食べ（　　　）です。だから、あまり食べません。

1　すぎ　　　　　　2　やすい　　　　3　がたい　　　　　4　　にくい

10 どうぞ出来（　　　）を召し上がってください。

1　たて　　　　　　2　うちに　　　　3　かけ　　　　　　4　あがり

問題1 つぎの文の（　　　）に入れるのに最もよいものを、1・2・3・4から一つえらびなさい。

1 天気予報によると、あす雨が降る（　　　）。

1　というのだ　　　2　みたいだ　　　3　かもしれない　　　4　ということだ

2 英語ができる（　　　）日常会話ぐらいです。

1　といっては　　　2　といっても　　　3　というのは　　　4　というのも

3 料理教室の先生に教えられた（　　　）スパゲッティを作ってみました。

1　あいたに　　　2　ところに　　　3　とおりに　　　4　みたいに

4 妹「お兄ちゃん、私の手紙読んだでしょう。」

兄「いや、（　　　）よ。」

1　開けてしなかった　　　　　　　2　開けもしなかった

3　開けることはなかった　　　　　4　開けることもしなかった

5 水泳（　　　）僕はだれにもまけないよ。

1　にとっては　　　2　に比べては　　　3　にかけては　　　4　については

6 家にいるのが好きでおとなしい兄（　　　）弟は活動的だ。

1　に比べて　　　2　にとって　　　3　について　　　4　につれて

7 わざわざ（　　　）よ。ファックスで送ればいいんだから。

1　行くはずがない　　　　　　　2　行くはずだ

3　行くことはない　　　　　　　4　行くことだ

8 この薬を（　　　）さえすればすぐ治ります。

1　飲み　　　2　飲んで　　　3　飲む　　　4　飲め

9 日本に来て３ヶ月になります。日本の生活にだいぶ（　　　　）。
1 慣れてきました　　　　　　　2 慣れていきました
3 慣れてはじめました　　　　　4 慣れて終わりました

10 子どもを（　　　　）親のありがたみを知った。
1 産んではじめて　　　　　　　2 産んだはじめて
3 産んでとたん　　　　　　　　4 産んだとたん

問題1 つぎの文の（　　　　）に入れるのに最もよいものを、1・2・3・4から一つえらびなさい。

1 食べたい（　　　　）食べていたら太ってしまった。

1 だけ　　　　2 だけしか　　　3 から　　　　　4 しか

2 家を（　　　　）とたんに雨が降り出しました。

1 出る　　　　2 出ている　　　3 出た　　　　　4 出ていた

3 鈴木さんは試験の成績が悪かった（　　　　）に、卒業することができませんでした。

1 から　　　　2 まで　　　　　3 ため　　　　　4 せい

4 医者からお酒を（　　　　）ように言われたが、なかなかやめられない。

1 やめる　　　2 やめた　　　　3 やめ　　　　　4 やめさせる

5 A「昨日、どうして来なかったの。」
　　B「え、行くって（　　　　）。」

1 言ったっけ　　　　　　　　2 言ったんじゃないか
3 言ったさ　　　　　　　　　4 言っただろう

6 そのことは、もう（　　　　）つもりでいた。

1 話した　　　2 話す　　　　　3 話された　　　4 話される

7 こんな難しい問題は私に解ける（　　　　）。

1 わけではない　　　　　　　2 わけにはいかない
3 わけがない　　　　　　　　4 ようがない

8 ユリちゃんはフランスに6年も住んでいるんだから、フランス語が上手な（　　　　）。

1 はずだ　　　2 ものだ　　　　3 ことだ　　　　4 ところだ

9 体の具合が悪いという（　　　）が、最近よく疲れる。

1　わけがない　　　　　　　　　2　わけではない

3　わけにはいかない　　　　　　4　わけだ

10 A「今日の飲み会、鈴木さんも来るかな？」

B「確か、バイトで来られない（　　　）。」

1　ことだけど　　　　　　　　　2　はずだけど

3　ことがないけど　　　　　　　4　はずがないけど

問題1 つぎの文の（　　　　）に入れるのに最もよいものを、1・2・3・4から一つえらびなさい。

1 英会話の初級クラスは人数（　　　　）、毎月必ず開かれます。

1 にかかわりなく　2 によって　　　3 に違いなく　　　4 に代わって

2 彼女は医者になってほしいという親の期待（　　　）会社員になってしまった。

1 に反して　　　2 に比べて　　　3 に対して　　　4 にとって

3 時と場合（　　　）言葉遣いを変えなければならない。

1 にとって　　　2 によって　　　3 について　　　4 に加えて

4 海外旅行（　　　）パスポートを忘れるなんて…。困ったな。

1 するのは　　　2 するために　　3 するのに　　　4 するように

5 「彼の顔なんか見たくない。もう、二度と（　　　　）。」と決めた次の日、彼からの電話に出てしまった。

1 会うかもしれない　　　　　2 行かないところだ
3 会ったのではない　　　　　4 会うまい

6 この部屋は靴を（　　　）入ってもかまいません。

1 履きながら　　　　　　　　2 履いたうちに
3 履いたまま　　　　　　　　4 履いたとたん

7 マンガを読みながら歩いていたので、もう少しで電柱に（　　　　）。

1 ぶつかるところだった　　　2 ぶつかったところだ
3 ぶつかっているところだ　　4 ぶつかるところではない

8 （喫茶店で）

A「何を頼もうか。」
B「私、チーズケーキとコーヒー。」
C「僕はお腹がすいてないから、コーヒー（　　　）。」

1 だけにする　　2 だけでする　　3 でもする　　　4 をする

9 今出かける（　　　）なので、またあとで電話してもいいですか。

1 ところ　　　　　2 うち　　　　　3 最中　　　　　4 間

10 体の不自由な方に（　　　）、お車での来場が可能です。

1 よっては　　　　2 かけては　　　3 かぎり　　　　4 関して

問題1 つぎの文の（　　　）に入れるのに最もよいものを、1・2・3・4から一つえらびなさい。

1 母「どうしてこの服、着ないの。」
娘「だって、かわいくない（　　　）。」

1 もの　　　　　　2 らしい　　　　3 こと　　　　　　4 ろう

2 私は今まで運動（　　　）運動をしたことがないです。

1 らしい　　　　　2 みたいな　　　3 という　　　　　4 向き

3 心（　　　）この本をお送りいたします。

1 を込めて　　　　2 を通じて　　　3 に入れて　　　　4 にかけて

4 この地方は四季（　　　）観光客が多い。

1 に通じて　　　　2 に限り　　　　3 を通じて　　　　4 をめぐって

5 赤ん坊を（　　　）最中なので、少し静かにしてください。

1 寝かす　　　　　2 寝かしている　3 寝かした　　　　4 寝かしていた

6 最近、アメリカ（　　　）の輸出が減っています。

1 向け　　　　　　2 もの　　　　　3 向き　　　　　　4 ところ

7 食べ終わったら、食器は自分で片付ける（　　　）。

1 こと　　　　　　2 ところ　　　　3 もの　　　　　　4 つもり

8 明日は動き（　　　）服で来てください。

1 にくい　　　　　2 つづける　　　3 やすい　　　　　4 やさしい

9 日本に来たばかりのころは、言葉がわからなくて苦労した（　　　）。

1 ものだ　　　　　2 ことだ　　　　3 はずた　　　　　4 ところだ

10 来年（　　　）は、合格してみせる。

1 だけ　　　　　　2 ほど　　　　　3 まで　　　　　　4 こそ

| 정답 | 1① | 2① | 3① | 4③ | 5② | 6① | 7① | 8③ | 9① | 10④ |

問題1 つぎの文の（　　　）に入れるのに最もよいものを、1・2・3・4から一つえらびなさい。

1 A「ただいま。お腹すいた。ご飯まだ？」

B「今（　　　）だから、ちょっと待ってね。」

1　作るばかり　　　　　　　　2　作るところ

3　作るとき　　　　　　　　　4　作るあいだ

2 A「あれ？めがね、めがね…どこにおいたかな？」

B「はい、これ。あそこに（　　　）よ。」

1　おいておいた　　　　　　　2　おいていた

3　おいてあった　　　　　　　4　おいてきた

3 今日は早く帰ったほうがいいですよ。雨が（　　　）から。

1　降りました　　　　　　　　2　降って

3　降りそうです　　　　　　　4　降るところです

4 仕事、（　　　）、ありがとう。おかげで早く終わったよ。

1　手伝って　　　　　　　　　2　手伝ってあげて

3　手伝ってくれて　　　　　　4　手伝っていて

5 今日は彼女と約束があったのに、部長に（　　　）んだ。

1　残業だった　　　　　　　　2　残業した

3　残業させられた　　　　　　4　残業させた

6 このカメラ、先月（　　　）なのに、もう壊れてしまったんですよ。

1　買ったところ　　　　　　　2　買ったつもり

3　買ったこと　　　　　　　　4　買ったばかり

7 (喫茶店で)

A「いらっしゃいませ。」

B「コーヒーを（　　　）。」

1　飲みます　　　　　　　　　　　2　します

3　持ってください　　　　　　　　4　お願いします

8 (病院で)

A「先生、お風呂に入ってもいいですか。」

B「いいえ。2、3日（　　　）。」

1　入ったらどうですか　　　　　　2　入らなければなりません

3　入らないでください　　　　　　4　入ってもいいです

9 A「Bさん、昨日たのんだ仕事、もうできた？」

B「すみません。まだ（　　　）。これからやります。」

1　やっていません　　　　　　　　2　やっていました

3　やりませんでした　　　　　　　4　やりません

10 すみません。駅はどうやって行ったらいいでしょうか。（　　　）。

1　教えていただきませんか　　　　2　教えていただけませんか

3　教えてさしあげませんか　　　　4　教えてもらいませんか

問題1 つぎの文の（　　　）に入れるのに最もよいものを、1・2・3・4から一つえらびなさい。

1 この新しいトイレは（　　　）、おそうじが簡単ですよ。
1 よごれにくくて　　　　　　　　2 よごれやすくて
3 よごれていて　　　　　　　　　4 よごれてしまって

2 この映画はすばらしい映画だから、ぜひたくさんの人に（　　　）と思います。
1 見てください　　　　　　　　　2 見なければならない
3 見てほしい　　　　　　　　　　4 見たい

3 A「窓のかぎが壊されていますね。どろぼうは窓から（　　　）ね。何かとられましたか。」
B「はい。カメラとパソコンがないんです。」
1 入ったようです　　　　　　　　2 入ったそうです
3 入りそうです　　　　　　　　　4 入るところです

4 A「私は今日からたばこを（　　　）。体に悪いですから。」
B「え？ 本当にやめられますか。」
1 吸わないことになりました　　　2 吸わないことにしました
3 吸わないほうがいいです　　　　4 吸わなくてもかまいません

5 父の大事な本を汚くしてしまい、父にひどく（　　　）。
1 しかった　　2 しかられた　　3 しからせた　　4 しかられた

6 月曜日は、かならず7時までに、会社に（　　　）いけない。
1 行かなくては　　　　　　　　　2 行かないでも
3 行っては　　　　　　　　　　　4 行っても

7 昨日は、とても忙しかった（　　　）、今日は、ぜんぜん客が来ない。
1 だけ　　　　　2 まま　　　　　3 のに　　　　　4 でも

8 A「先生、傘_{かさ}を（　　　）いませんか。」

B「ああ、気がつかなかった。ありがとう。」

1 お忘_{わす}れいただいて　　　　2 お忘_{わす}れになって

3 お忘_{わす}れられて　　　　　　4 忘_{わす}れになって

9 親切な駅員さんが、切符_{きっぷ}の買い方を（　　　）。

1 教えてもらった　　　　　2 教えられた

3 教えになった　　　　　　4 教えてくれた

10 今夜は寒いので、（　　　）寝ましょう。

1 暖_{あたた}かくして　　　　　2 暖_{あたた}かくにして

3 暖_{あたた}かいにして　　　　4 暖_{あたた}かくて

問題1 つぎの文の（　　　）に入れるのに最もよいものを、1・2・3・4から一つえらびなさい。

1 A「明日は、どちらにお出かけですか。」

　　B「天気が（　　　）、山にのぼる予定です。」

　　1　よいなれば　　　2　よくなると　　　3　よかったら　　　4　よくなら

2 昼ごはんを持ってきた人は、部屋で食べても（　　　）。

　　1　かまいません　　　　　　　　2　かまわれます

　　3　かまわれてください　　　　　4　かまわれません

3 この国の物の値段は、日本（　　　）から、住みやすい。

　　1　ばかり、高い　　　　　　　　2　ほど、高い

　　3　だけ、高くない　　　　　　　4　ほど、高くない

4 子どもの時、よく温まるよう、母に風呂で数を（　　　）。

　　1　かぞえた　　　　　　　　　　2　かぞえさせられた

　　3　かぞえられた　　　　　　　　4　かぞえさせた

5 まじめな兄が、そんなうそを（　　　）ありません。

　　1　つくつもりが　　　　　　　　2　つくはずが

　　3　つくほうが　　　　　　　　　4　つくしか

6 この動物は、人を（　　　）から、注意してください。

　　1　かまれることになります　　　2　かむことになります

　　3　かまれることがあります　　　4　かむことがあります

7 あ、キャベツ、わすれた。買って（　　　）。

　　1　こないっちゃ　　2　こなくちゃ　　3　こなっちゃ　　　4　こないちゃ

8 A「田中さん、明日の会議の準備はできていますか。」

B「いいえ、今日の午後（　　　）終わらせます。」

1 までには　　　　2 までも　　　　3 からも　　　　4 からは

9 プリントは、一人１枚ずつ、（　　　）。

1 お持ちいたしてください　　　　2 お持ちいただいてください

3 お持ちしてください　　　　4 お持ちください

10 山は上に登る（　　　）気温が低くなる。

1 ので　　　　2 ほど　　　　2 まで　　　　4 ぐらい

問題1 つぎの文の（　　　）に入れるのに最もよいものを、1・2・3・4から一つえらびなさい。

1 電車が満員で、（　　　）としても乗ることができなかった。

1 乗り　　　　　2 乗る　　　　　3 乗ろう　　　　　4 乗って

2 私は夜型(よるがた)なので、夜遅くまで（　　　）のは平気(へいき)です。

1 起きる　　　　　　　　　　2 起きてしまう

3 起きた　　　　　　　　　　4 起きている

3 妹(いもうと)は田中さん（　　　）ところへ遊びに行くと言って出かけた。

1 かどうかの　　　2 かなにかの　　　3 かどこかの　　　4 かだれかの

4 あの夫婦(ふうふ)が離婚(りこん)した（　　　）、私には今でも信じられません。

1 ため　　　　　2 から　　　　　3 なんて　　　　　4 なんか

5 彼女は希望した（　　　）会社に就職(しゅうしょく)できて喜んでいる。

1 ような　　　　　2 ほどの　　　　　3 とおりの　　　　　4 ままの

6 散歩に出かけた（　　　）スーパーに寄(よ)って買い物をして帰った。

1 うちに　　　　　2 あいだ　　　　　3 ついでに　　　　　4 ながら

7 学生A「明日先生に会って相談(そうだん)しようと思うんですが…。」

学生B「先生に（　　　）、前もって電話を入れておいた方がいいですよ。」

1 相談(そうだん)するなら　　2 相談(そうだん)したら　　3 相談(そうだん)すれば　　4 相談(そうだん)すると

8 A「お忙しそうですね。」

B「ええ、仕事が増える（　　　）、嫌(いや)になってしまいますよ。」

1 ほど　　　　　2 ばかりで　　　　　3 はずで　　　　　4 つもりで

9 料理が冷^さめないうちに、どうぞたくさん（　　　　）。

1　お召^めしください

2　召^めし上^あがりください

3　お召^めしになってください

4　召^めし上^あがってください

10 とてもいい人だから、一度（　　　　）会ってみたらどうかと、友達にすすめられた。

1　会うよりは　　2　会うまでは　　3　会うだけでも　　4　会うだけしか

問題1 つぎの文の（　　　）に入れるのに最もよいものを、1・2・3・4から一つえらびなさい。

1 ここからでは、黒板の字が（　　　）、彼は前のほうの席に移った。

　　1　見えにくいからと言って　　　　2　見えやすいからと言って
　　3　見えにくいかわりに　　　　　　4　見えやすいかわりに

2 少しでも（　　　）、写真や絵を使って日本のお祭りについて説明した。

　　1　わかりすぎるために　　　　　　2　わかりやすくなるために
　　3　わかりすぎるように　　　　　　4　わかりやすくなるように

3 彼女は5年も日本に住んでいた（　　　）、日本語があまりうまくない。

　　1　とすると　　　2　とともに　　　3　にしては　　　4　に比べて

4 時間がなかった（　　　）、彼はあわてて部屋を出て行った。

　　1　といって　　　2　せいか　　　3　くせに　　　4　わりに

5 暑くならない（　　　）、早くエアコンを買っておきましょう。

　　1　うちに　　　2　まえに　　　3　ときに　　　4　あいだに

6 あの子は、勉強しないで（　　　）ばかりいます。

　　1　遊ぶ　　　2　遊び　　　3　遊んで　　　4　遊んだ

7 東京は今夜から明日の朝にかけて雪になりますが、ところに（　　　）雨になるでしょう。

　　1　かけては　　　2　ついては　　　3　よっては　　　4　おいては

8 去年まで学生だった彼女が、今は教師（　　　）学生たちの前に立っている。

　　1　に対して　　　2　にとって　　　3　として　　　4　としては

해석 p.89

9 A「これは、どうやって食べるんですか。」

B「ふつうは焼いて食べますが、生の（　　　）おいしいですよ。」

1 ままを　　　　2 ままにも　　3 ままと　　　　4 ままでも

10 A「明日のパーティー、どうしますか。行けますか。」

B「そうですねえ。行けるかどうか、まだ（　　　）言えませんね。」

1 どちらとも　　2 どうとか　　3 どれも　　　　4 なんでも

問題1 つぎの文の（　　　）に入れるのに最もよいものを、1・2・3・4から一つえらびなさい。

1 すみませんが、ちょっとそこのテーブルの塩を（　　　）。
1 お取りいただきませんか
2 取っていただけませんか
3 お取りもらえませんか
4 取ってもらいませんか

2 何でもそうですが、値段が高いからといって、品質もいい（　　　）。
1 とも言えます
2 と言うことができます
3 にちがいありません
4 とはかぎりません

3 一生懸命頑張っている人を見ると、私も頑張らなければという気持ちに（　　　）。
1 させます
2 させられます
3 させようとします
4 させられようとします

4 田中君のお母さんが外国人なのは、教室のみんなが知っていたが、どこの国の人（　　　）誰も知らなかった。
1 なのかまでは
2 なのかよりも
3 なのかどうかまでは
4 なのかどうかよりも

5 明日の試合は、どっちのチームが先に点を（　　　）大きく変わると思います。
1 取れることによって
2 取るかによって
3 取れることについて
4 取るかについて

6 せっかく海外に（　　　）、いろいろなところに行ってみたい。
1 来たおかげで
2 来たのだから
3 来たせいで
4 来たために

7 夜遅くテレビをみていたら、母に早く（　　　）としかられた 。
1 寝ろ
2 寝るな
3 寝られる
4 寝させる

8 では、私から発表（　　　）もよろしいでしょうか。

1　していただいて　　　　　　2　してくださって

3　させていただいて　　　　　4　させてくださって

9 朝炊いたご飯を夜までおいしく保存して、1日中（　　　）のご飯を食べられるようにしたい。

1　炊きかけ　　2　炊きたて　　3　炊き上げ　　4　炊き切れ

10（デパートで）

客　「婦人服売り場はどこにありますか。」

店員「4階に（　　　）。」

1　いらっしゃいます　　　　　2　おります

3　ございます　　　　　　　　4　お越しになります

확인문제 ①

1 이 레스토랑은 요일마다 메뉴가 바뀐다.
2 밥을 짓고 있는 중에 전화가 걸려왔다.
3 나는 형만큼 키가 크지 않습니다.
4 내가 없는 동안에 여동생이 방에 들어온 걸까? 새 핸드백이 보이지 않는다.
5 그는 키가 크고 잘 생긴데다가 공부도 잘해서 여자에게 인기가 많습니다.
6 오랜만에 친구를 만나서 수다 떨고 있는 사이에 날이 저물어 버렸다.
7 형이 가르쳐준 덕분에 수학 숙제가 빨리 끝났다.
8 상급 클래스에 들어갈 거라면 이 정도의 문제는 풀 수 있어야지.
9 선생님에게 상담해 봤더니 내가 들어갈 수 있는 대학은 없다고 한다.
10 나는 여름 동안, 쭉 오키나와의 친척집에 가 있었습니다.

확인문제 ②

1 그가 대학에 떨어졌다니 믿기 어렵습니다.
2 편지를 보내는 대신에 메일로 전했다.
3 배가 불러서 다 못 먹겠는데 남겨도 되나요?
4 (집에서)
  A「당신 또 헬스클럽에 가는 거야? 운동 너무 하는 거 아냐?」
  B「너가 운동을 너무 안 하는 거야. 가끔은 같이 자고.」
5 손님. 죄송합니다만, 여기서는 담배를 피울 수 없게 되어 있습니다.
6 이 일이 끝나지 않는 한 집에 돌아갈 수가 없습니다.
7 (거실에서)
  엄마「미호야, 숙제 하다 말고 뭐 하는 거야?」
  딸 「제발 이 드라마만 보게 해 줘~.」
8 이 상자, 이상한 냄새가 납니다. 뭐가 들어 있는 거에요?
9 생선은 가시가 많아서 먹기 힘듭니다. 그래서 잘 먹지 않습니다.
10 방금 만든 거니까 어서 드세요.

확인문제 ③

1 일기예보에 의하면 내일 비가 내린다고 한다.
2 영어를 잘한다고 해도 일상회화 정도입니다.
3 요리 교실 선생님에게 배운 대로 스파게티를 만들어 봤습니다.
4 여동생「오빠, 내 편지 읽었지?」
  오빠 「아냐, 뜯지도 않았어.」
5 수영에 관해서는 나는 누구에게도 지지 않아.
6 집에 있는 것을 좋아하는 얌전한 형에 비해 동생은 활동적이다.
7 일부러 갈 필요는 없어. 팩스로 보내면 되니까.
8 이 약을 먹기만 하면 바로 낫습니다.
9 일본에 온지 3개월째입니다. 일본 생활에 꽤 익숙해졌습니다.
10 아이를 낳고 비로소 부모님의 고마움을 알았다.

확인문제 ④

1 먹고 싶은 만큼 먹었더니 살이 찌고 말았다.
2 집을 나서자마자 비가 내리기 시작했습니다.
3 스즈키 씨는 시험 성적이 나빠서 졸업을 할 수가 없었습니다.
4 의사가 술을 끊으라고 했는데, 좀처럼 끊을 수가 없다.
5 A「어제, 왜 안 왔어?」
  B「어, 간다고 했던가?」
6 그것에 대해서는 이미 이야기했다고 생각했었다.
7 이런 어려운 문제를 내가 풀 수 있을 리가 없다.
8 유리는 프랑스에 6년이나 살았으니까 프랑스어를 잘할 것이다.
9 몸이 안 좋은 것은 아니지만, 요즘 자주 피곤해.
10 A「오늘 회식 스즈키 씨도 올까?」
  B「아마 아르바이트 때문에 못 올 걸.」

확인문제 ⑤

1 영어 회화 초급반은 인원수에 관계없이 매월 반드시 개강합니다.
2 그녀는 의사가 되길 바라는 부모의 기대와는 다르게

회사원이 되어 버렸다.

3　때와 경우에 따라서 말투를 바꾸지 않으면 안 된다.

4　해외여행 하는데 여권을 두고 오다니. 큰일이네.

5　'그의 얼굴 따위 보고 싶지 않아. 이제 두 번 다시 만나지 않을 꺼야'하고 결심한 다음 날, 그의 전화를 받고 말았다.

6　이 방은 신발을 신은 채로 들어와도 상관없습니다.

7　만화를 읽으며 걷고 있었기 때문에, 하마터면 전봇대에 부딪칠 뻔했다.

8　(찻집에서)
　A「뭘 주문할까?」
　B「난 치즈 케이크와 커피.」
　C「나는 배가 안 고프니까 커피만 할게.」

9　지금 나가려던 중이니까 나중에 다시 전화해도 됩니까?

10　몸이 불편한 분에 한해 자동차로 오실 수 있습니다.

확인문제 ⑥

1　(집에서)
　엄마「왜 이 옷 안 입니?」
　딸 「예쁘지 않으니까.」

2　저는 지금까지 운동다운 운동을 해 본 적이 없습니다.

3　마음(정성)을 담아 이 책을 선물합니다.

4　이 지방은 사계절 내내 관광객이 많다.

5　지금 한창 아기를 재우는 중이니까 좀 조용히 해주세요.

6　최근 미국용 수출이 줄고 있습니다.

7　다 먹으면 접시는 직접 치울 것.

8　내일은 움직이기 편한 옷으로 와 주세요.

9　일본에 온 지 얼마 안 됐을 때는 말이 통하지 않아서 고생했다.

10　내년에야 말로 꼭 합격해 보이겠어.

확인문제 ⑦

1　A「다녀왔습니다. 배고파~ 밥은 아직?」
　B「지금 만들려는 참이니깐 조금만 기다려.」

2　A「어? 안경, 안경. 어디에 두었었지?」

B「자~ 이거, 저기에 놓여 있었어요.」

3　오늘은 빨리 돌아가는 편이 좋아요. 비가 내릴 것 같으니깐.

4　일 도와줘서 고마워. 덕분에 빨리 끝났어.

5　오늘은 여자친구와 약속이 있는데, 부장님이 야근을 시켰어.

6　이 카메라 지난달에 샀는데, 벌써 망가져 버렸어요.

7　(찻집에서) A「어서오세요.」 B「커피 주세요.」

8　(병원에서)
　A「선생님, 목욕해도 됩니까?」
　B「아니요, 2, 3일은 하지 마세요.」

9　A「B 씨, 어제 부탁한 일 다 되었어?」
　B「죄송합니다. 아직 하지 않았습니다. 이제 할 겁니다.」

10　죄송합니다. 역은 어떻게 가면 됩니까? 가르쳐 주시지 않겠습니까?

확인문제 ⑧

1　이 새로운 화장실은 쉽게 더러워지지 않아서 청소가 간단합니다.

2　이 영화는 훌륭한 영화이므로, 꼭 많은 사람이 봤으면 좋겠습니다.

3　A「창문 열쇠가 부서져 있어요. 도둑이 창문으로 들어온 것 같네요. 뭔가 도난 당한 게 있습니까?」
　B「네, 카메라와 컴퓨터가 없습니다.」

4　A「나는 오늘부터 담배를 피지 않기로 했습니다. 몸에 나쁘니깐요.」
　B「어? 정말 끊을 수 있겠습니까?」

5　아빠의 소중한 책을 더럽혀 버려서 몹시 혼났다.

6　월요일은 반드시 7시까지 회사에 가야 한다.

7　어제는 매우 바빴는데, 오늘은 전혀 손님이 오지 않는다.

8　A「선생님, 우산 두고 오지 않으셨어요?」
　B「아, 알아차리지 못 했어, 고마워요.」

9　친절한 역무원이 표 구매 방법을 가르쳐 주었다.

10　오늘 밤은 추우니까 (온도를) 따뜻하게 하고 잡시다.

확인문제 ⑨

1　A「내일은 어디로 외출하세요?」

B「날씨가 좋으면 등산할 예정입니다.」

2 점심을 가져온 사람은 방에서 먹어도 상관없습니다.

3 이 나라의 물건 값은 일본만큼 비싸지 않아서 살기 편하다.

4 어렸을 때 몸이 잘 데워지도록, 어머니가 욕조에서 수를 세게 했다.

5 성실한 형이 그런 거짓말을 할 리가 없습니다.

6 이 동물은 사람을 무는 경우도 있으므로 주의하세요.

7 아, 양배추 사는 걸 깜빡했네. 사 와야겠다.

8 A「다나카 씨 내일 회의 준비는 다 되었습니까?」
  B「아뇨, 오늘 오후까지는 끝내겠습니다.」

9 프린트는 한 사람에 1장씩 가지고 오십시오.

10 산은 위로 올라갈수록 기온이 낮아진다.

확인문제 ❿

1 전철이 만원이라서 타려고 해도 탈 수가 없었다.

2 저는 야행성이기 때문에 밤 늦게까지 자지 않아도 아무렇지도 않습니다.

3 여동생은 다나카 씨인가 누군가한테 놀러 간다며 나갔다.

4 그 부부가 이혼했다니, 저로서는 지금도 믿을 수 없습니다.

5 그녀는 희망했던 회사에 취직해 기뻐하고 있다.

6 산책하러 나간 김에 슈퍼에 들러서 물건을 사고 돌아왔다.

7 학생A「내일 선생님을 만나서 상의하려고 하는데요….」
  학생B「선생님과 상의할거라면 미리 전화해 두는 게 좋아요.」

8 A「바쁘신 것 같군요.」
  B「네, 일이 늘기만 하고 짜증나요.」

9 요리가 식기 전에 어서 많이 드십시오.

10 정말 좋은 사람이니까 한 번 만나라도 보는 게 어떻냐고 친구가 권해주었다.

확인문제 ⓫

1 여기에서는 칠판의 글자가 잘 보이지 않는다며 그는

앞쪽 자리로 옮겼다.

2 조금이라도 알기 쉽도록 사진이랑 그림을 이용해서 일본의 축제에 대하여 설명했다.

3 그녀는 5년이나 일본에 살았던 것치고는 일본어가 그다지 능숙하지 않다.

4 시간이 없었던 탓인지 그는 허둥대며 방을 나갔다.

5 더워지기 전에 빨리 에어컨을 사 둡시다.

6 저 아이는 공부는 안 하고 놀고만 있습니다.

7 도쿄는 오늘 밤부터 내일 아침에 걸쳐서 눈이 오겠습니다만, 곳에 따라서는 비가 오겠습니다.

8 작년까지 학생이었던 그녀가 지금은 교사로서 학생들 앞에 서 있다.

9 A「이것은 어떻게 먹습니까?」
  B「보통은 구워서 먹지만 날로 먹어도 맛있습니다.」

10 A「내일 파티 어떻게 할거죠? 갈 수 있어요?」
   B「글쎄요, 갈 수 있을지 어떨지 아직 어느 쪽이라도 말할 수 없습니다.」

확인문제 ⓬

1 죄송하지만, 좀 거기 소금을 집어주지 않겠습니까?

2 뭐든지 그렇습니다만, 가격이 비싸다고 해서 품질이 좋다고는 할 수 없습니다.

3 열심히 노력하는 사람을 보면, 나도 노력하지 않으면 안 된다는 기분이 들게 합니다.

4 다나카군의 어머니가 외국인인 것은 반 아이들 모두가 알고 있었지만 어느 나라 사람인지까지는 몰랐다.

5 내일 시합은 어느 쪽이 먼저 점수를 따느냐에 따라서 크게 바뀌리라 생각합니다.

6 모처럼만에 해외로 왔으니까 여러 곳에 가보고 싶다.

7 밤늦게 텔레비전을 보고 있었더니 엄마에게 빨리 자라고 혼났다.

8 그럼, 저부터 발표해도 될까요?

9 아침에 지은 밥을 저녁까지 맛있게 보존해서 하루 종일 갓 지은 밥을 먹을 수 있게 하고 싶다.

10 (백화점에서)
   손님「부인복 매장은 어디에 있습니까?」
   점원「4층에 있습니다.」

나열된 단어를 의미에 맞게 조합할 수 있는지를 묻는 문제이다.

問題2 次の文の ＿＿★＿＿ に入るのに最もよいものを、１・２・３・４
から一つえらびなさい。

14 きのう ＿＿＿＿ ＿＿＿＿ ＿＿★＿ ＿＿＿＿ はとてもおいしかった。
　　　 1 母　　　　　 2 買ってきた　　　 3 が　　　　　　 4 ケーキ

14	① ● ③ ④

◖ 포인트 ◗

① ★표의 위치는 주로 세 번째 밑줄 위에 올 때가 많으나 예외적으로 두 번째나 그 외의 위
　치에 찍힐 때도 있으니 ★표의 위치를 잘 확인하고 답안을 작성하자.
② 〈問題2〉는 문제를 먼저 읽기 전에 우선 선택지를 훑어보고 선택지 4개의 단어로 앞뒤를
　맞추어본 다음에 문제를 살펴보면 쉽게 문장을 완성할 수 있을 때가 많다.
③ 그렇게 해도 안 풀릴 때는 4개의 밑줄 중 맨 마지막 밑줄에 들어가는 단어를 선택지에
　서 고르도록 하자. 그것만 찾아내면 나머지는 쉽게 풀릴 것이다.

◖ 학습요령 ◗

문법 기능어만 단순 암기하기 보다, 기능어의 쓰임새를 이해하도록 하자.

問題2 つぎの文の ___ ★ ___ に入る最もよいものを、1・2・3・4から一つえらびなさい。

1 私は、簡単な日本料理の _____ ___★___ _____ _____ 買いました。

　　1　書いて　　　　　2　本を　　　　　　3　ある　　　　　4　作り方が

2 今日は _____ ___★___ _____ _____ ので、とても忙しかったです。

　　1　来たし　　　　　2　あった　　　　　3　お客さんも　　　4　会議も

3 キムさんは日本で _____ _____ ___★___ _____ 。

　　1　探して　　　　　2　仕事を　　　　　3　らしい　　　　　4　いる

4 A「今日も暑いですね。」

　　B「ええ、でも、_____ ___★___ _____ _____ ね。」

　　1　ないです　　　　2　ほど　　　　　　3　暑くは　　　　　4　昨日

5 A「ちょっと風邪をひいて熱があるんですが。」

　　B「じゃあ、今日は _____ _____ ___★___ _____ ですね。」

　　1　いい　　　　　　2　無理を　　　　　3　ほうが　　　　　4　しない

6 このおもちゃは、_____ ___★___ _____ _____ いますね。

　　1　形を　　　　　　2　りんごの　　　　3　して　　　　　　4　ような

7 最近の _____ _____ ___★___ _____ みたいです。

　　1　割れにくく　　　2　ガラスは　　　　3　なっている　　　4　昔より

8 A「ちょっと _____ ___★___ _____ _____ 計画について話しませんか。」

　　B「いいですね。」

　　1　ながら　　　　　2　飲み　　　　　　3　コーヒーでも　　4　旅行の

9 A「すみません。_____ _____ ___★___ _____ わかりますか。」

　　B「たぶん、食堂だと思います。」

　　1　いるか　　　　　2　キムさんは　　　3　どこに　　　　　4　Aクラスの

10 わたしは毎日 _____ ___★___ _____ _____ しています。

　　1　ニュースを　　　2　ように　　　　　3　日本語の　　　　4　見る

정답　　1 ① (4-1-3-2)　　2 ① (3-1-4-2)　　3 ④ (2-1-4-3)　　4 ② (4-2-3-1)　　5 ③ (2-4-3-1)
　　　　6 ④ (2-4-1-3)　　7 ① (2-4-1-3)　　8 ② (3-2-1-4)　　9 ③ (4-2-3-1)　　10 ① (3-1-4-2)

問題2 つぎの文の ___★___ に入る最もよいものを、1・2・3・4から一つえらびなさい。

1 寒いので、_____ _____ ___★___ _____ つけてください。

　　1 ように　　　　2 気を　　　　3 ひかない　　　　4 かぜを

2 テレビを _____ ___★___ _____ _____ だれですか。

　　1 おかしを　　　2 こどもは　　　3 食べている　　　4 見ながら

3 これは去年の _____ ___★___ _____ _____ 絵です。

　　1 妹に　　　　2 もらった　　　3 かいて　　　　4 誕生日に

4 今 _____ _____ ___★___ 、_____ 涼しくないです。

　　1 つけた　　　　2 ばかりなので　3 まだ　　　　　4 エアコンを

5 目が _____ _____ ___★___ _____ 運転してはいけません。

　　1 人は　　　　2 めがねを　　　3 かけないで　　　4 悪い

6 ちょうど今 _____ _____ ___★___ _____ 、これから食べはじめます。

　　1 終わった　　　2 食事の　　　3 ところで　　　4 したくが

7 もう、_____ _____ ___★___ _____ します。

　　1 車で　　　　2 外は　　　　3 暗いので　　　4 お送り

8 そういう _____ _____ ___★___ _____ ほうがいい。

　　1 しない　　　2 いやがる人　　3 もいるので　　4 話を

9 水泳を _____ _____ ___★___ _____ のがなくなった。

　　1 せなかが　　　2 はじめてから　3 いたい　　　4 習い

10 あの先生は、_____ _____ ___★___ _____ 好きなようです。

　　1 ほうが　　　　2 より　　　　3 肉の　　　　4 さかな

정답　　1 ① (4-3-1-2)　　2 ① (4-1-3-2)　　3 ① (4-1-3-2)　　4 ② (4-1-2-3)　　5 ② (4-1-2-3)
　　　　6 ① (2-4-1-3)　　7 ① (2-3-1-4)　　8 ③ (4-2-3-1)　　9 ① (4-2-1-3)　　10 ③ (4-2-3-1)

問題2 つぎの文の ＿★＿ に入る最もよいものを、1・2・3・4から一つえらびなさい。

1 A「あのコンサートのチケットは高いでしょうね。」

B「でも、＿＿＿＿ ＿＿＿＿ ＿★＿ ＿＿＿＿ と思いますよ。」

　　1　一万円は　　　　2　といっても　　3　高い　　　　　4　しない

2 運動もしないで、＿＿＿＿ ＿＿＿＿ ＿★＿ ＿＿＿＿ 太^{ふと}ってしまいますよ。

　　1　食べて　　　　2　そんなに　　　3　いると　　　　4　ばかり

3 この問題は ＿＿＿＿ ＿＿＿＿ ＿★＿ ＿＿＿＿ すぐに答えがわかってしまいます。

　　1　ちょっと　　　2　簡単で　　　　3　だけで　　　　4　考えた

4 彼女は ＿＿＿＿ ＿＿＿＿ ＿★＿ ＿＿＿＿ 上手だ。

　　1　作文も　　　　2　もちろん　　　3　会話は　　　　4　日本語の

5 佐藤^{さとう}さんは、まだゴルフを ＿＿＿＿ ＿★＿ ＿＿＿＿ ＿＿＿＿ ようです。

　　1　しょうがない　2　始めた　　　　3　ばかりで　　　4　おもしろくて

6 コートを買いに行ったが、＿＿＿＿ ＿＿＿＿ ＿★＿ ＿＿＿＿ 見て帰って来た。

　　1　ので　　　　　2　だけ　　　　　3　高かった　　　4　見る

7 軽^{かる}そうだったから、ひとりで ＿＿＿＿ ＿★＿ ＿＿＿＿ ＿＿＿＿ 重くて持てなかった。

　　1　みたら　　　　2　持てると　　　3　持って　　　　4　思って

8 日本人なら、＿＿＿＿ ＿＿＿＿ ＿★＿ ＿＿＿＿ わけではない。

　　1　誰でも　　　　2　という　　　　3　教えられる　　4　日本語が

9 いくら料理学校で ＿＿＿＿ ＿＿＿＿ ＿★＿ ＿＿＿＿ おいしい料理が作れません。

　　1　ように　　　　2　やってみても　3　なかなか　　　4　習った

10 A「みんなで沖縄^{おきなわ}へ旅行に行きませんか。」

B「沖縄^{おきなわ} ＿＿＿＿ ＿★＿ ＿＿＿＿ ＿＿＿＿ 有名ですよね。」

　　1　海が　　　　　2　ことで　　　　3　といえば　　　4　きれいな

정답　　1 ①（3-2-1-4）　　2 ④（2-1-4-3）　　3 ④（2-1-4-3）　　4 ②（4-3-2-1）　　5 ③（2-3-4-1）

　　　　6 ④（3-1-4-2）　　7 ④（2-4-3-1）　　8 ①（1-4-3-2）　　9 ②（4-1-2-3）　　10 ①（3-1-4-2）

問題2 つぎの文の ＿★＿ に入る最もよいものを、1・2・3・4から一つえらびなさい。

1 暗く ＿＿＿＿ ＿＿＿＿ ＿★＿ ＿＿＿＿ 方がいいんじゃないですか。

　　1 帰った　　　　2 ならない　　　3 家へ　　　　　4 うちに

2 山田君は ＿＿＿＿ ＿＿＿＿ ＿★＿ ＿＿＿＿ すると言った。

　　1 かかわらず　　2 反対にも　　　3 親の　　　　　4 結婚を

3 明日、会議があるので ＿＿＿＿ ＿＿＿＿ ＿★＿ ＿＿＿＿。

　　1 休む　　　　　2 いかない　　　3 わけには　　　4 会社を

4 ひらがな ＿＿＿＿ ＿＿＿＿ ＿★＿ ＿＿＿＿ が読めるわけがない。

　　1 くせに　　　　2 分からない　　3 さえ　　　　　4 日本語の本

5 夏になると北海道 ＿＿＿＿ ＿＿＿＿ ＿★＿ ＿＿＿＿ 祭りが行われる。

　　1 かけて　　　　2 から　　　　　3 に　　　　　　4 九州

6 彼女は ＿＿＿＿ ＿＿＿＿ ＿★＿ ＿＿＿＿ 増えません。何でだろう。

　　1 たべても　　　2 たくさん　　　3 体重が　　　　4 どんなに

7 先生が急いで ＿＿＿＿ ＿＿＿＿ ＿★＿ ＿＿＿＿ 見かけた。

　　1 向かっている　2 を　　　　　　3 ところ　　　　4 学校に

8 鈴木「この資料、使わないなら片づけておきましょうか。」
　　田中「明日の会議で、＿＿＿＿ ＿＿＿＿ ＿★＿ ＿＿＿＿ しておいてくれる?」

　　1 ので　　　　　　　　　　　　2 なるかもしれない

　　3 必要に　　　　　　　　　　　4 そのままに

9 （駅で）
　　乗客「電車の中に荷物を置いてきてしまったんですが…。」

　　駅員「まずここに ＿＿＿＿ ＿＿＿＿ ＿★＿ ＿＿＿＿ いただけますか。」

　　1 なくしたかと　2 書いて　　　3 連絡先を　　　4 いつどこで

10 大学を卒業して ＿＿＿＿ ＿＿＿＿ ＿★＿ ＿＿＿＿ なっている。

1 彼女とは   2 会わない

3 以来
　いらい   4 ままに

정답　　1 ③ (2-4-3-1)　　2 ① (3-2-1-4)　　3 ③ (4-1-3-2)　　4 ① (3-2-1-4)　　5 ③ (2-4-3-1)
　　　　　6 ① (4-2-1-3)　　7 ③ (4-1-3-2)　　8 ① (3-2-1-4)　　9 ③ (4-1-3-2)　　10 ② (3-1-2-4)

JLPT N3 문법 95

問題2 つぎの文の ___★___ に入る最もよいものを、1・2・3・4から一つえらびなさい。

1 中原先生はほかの学生と相談して _____ _____ __★__ _____ くださいませんか。

　1 すこし　　　　2 ので　　　　3 待って　　　　4 いらっしゃいます

2 10年ぶりに日本に帰ってきた木村さんは、_____ __★__ _____ _____ 見ていた。

　1 ひさしぶりに　　　　　　　2 なつかしそうに
　3 見る　　　　　　　　　　　4 日本のおまつりを

3 明日の会議では、_____ _____ __★__ _____ 違いについて、担当者から説明を聞くことになっている。

　1 予定の　　　　2 新製品との　　　3 これまでの製品と　　4 来月発売する

4 看板の文字が、遠くからでもよく見えるように _____ _____ __★__ _____ することはできないので、デザインを変えてみることにした。

　1 大きく　　　　　　　　　　2 と頼まれたが
　3 してくれ　　　　　　　　　4 文字をこれ以上

5 函館の夜景は、昔からきれいなことで _____ _____ __★__ _____ と思ってしまった。

　1 来ればよかった　　　　　　2 有名だが
　3 もっと早く　　　　　　　　4 去年はじめて行って

6 会ってみる _____ __★__ _____ _____ わからないので心配したが、とてもいい人だったので安心した。

　1 か　　　　　2 は　　　　　3 どんな人　　　　4 まで

7 このベッドの専門店には、子供用の小さなものから _____ __★__ _____ _____ ものまで、さまざまなベッドがそろっている。

　1 大きなもの　　　　　　　　2 幅が3メートル
　3 だと　　　　　　　　　　　4 もある

8 仕事で ＿＿＿＿ ＿＿＿＿ ＿★＿ ＿＿＿＿ ひどくなってしまった。

1 風邪が　　　　　　　　　　　2 なおりかけて

3 無理をして　　　　　　　　　4 いた

9 家を出て、バスに乗ろうとした時、ストーブを消^けさずに、＿＿＿＿ ＿＿＿＿
＿★＿ ＿＿＿＿ あわてて家に戻った。

1 あることに　　2 つけたまま　　3 気がついて　　4 にして

10 A「この仕事、明日までに全部片^{かた}づけられるでしょうか。」
　　B「そうですね。＿＿＿＿ ＿＿＿＿ ＿★＿ ＿＿＿＿ と思いますが、夜遅くまで
　　　かかりますよ。」

1 やって　　　　　2 ない　　　　3 なくは　　　　4 やれ

정답　　1① (4-2-1-3)　　2③ (1-3-4-2)　　3① (3-4-1-2)　　4④ (3-2-4-1)　　5③ (2-4-3-1)
　　　　6② (4-2-3-1)　　7③ (1-3-2-4)　　8④ (3-2-4-1)　　9① (2-4-1-3)　　10③ (1-4-3-2)

JLPT N3 문법　97

확인문제 ①

1 저는 간단한 일본요리 만드는 법이 적혀 있는 책을 샀습니다.
2 오늘은 손님도 왔고 회의도 있어서 매우 바빴습니다.
3 김 씨는 일본에서 일자리를 찾고 있는 것 같다.
4 A「오늘도 덥네요.」
   B「네, 그래도 어제만큼 덥지는 않네요.」
5 A「감기에 걸려서 좀 열이 있습니다만.」
   B「그럼, 오늘은 무리하지 않는 편이 좋겠네요.」
6 이 장난감은 사과 같은 모양을 하고 있네요.
7 요즘 유리는 옛날보다 깨지기 않게 되어있는 것 같습니다.
8 A「잠깐, 커피라도 마시면서 여행 계획에 관해서 이야기하지 않을래요?」「B 좋아요.」
9 A「저기요. A클래스의 김 씨는 어디에 있는지 아세요?
   B「아마, 식당에 있을 거에요.」
10 나는 매일 일본어 뉴스를 보도록 하고 있습니다.

확인문제 ②

1 추우니까 감기 걸리지 않도록 주의하세요.
2 텔레비전을 보면서 과자를 먹고 있는 어린이는 누구입니까?
3 이것은 작년 생일에 여동생이 그려준 그림입니다.
4 지금 에어컨을 막 켰기 때문에 아직 시원하지 않습니다.
5 눈이 나쁜 사람은 안경을 쓰지 않고 운전해서는 안 됩니다.
6 방금 막 식사 준비가 끝나서 이제부터 먹기 시작할 겁니다.
7 이미 밖은 어둡기 때문에 차로 배웅해 드리겠습니다.
8 그런 이야기를 싫어하는 사람도 있기 때문에 하지 않는 편이 좋다.
9 수영을 배우기 시작하고부터 등 아픈 것이 없어졌다.
10 저 선생님은 생선보다 고기를 좋아하는 것 같습니다.

확인문제 ③

1 A「그 콘서트 티켓은 비싸겠죠.」
   B「하지만 비싸다고 해도 만 엔은 하지 않을 거라고 생각해요.」
2 운동도 하지 않고 그렇게 먹고만 있으면 살쪄요.
3 이 문제는 간단해서 조금 생각만 해도 금방 답을 알 수 있습니다.
4 그녀는 일본어 회화는 물론 작문도 잘한다.
5 사토 씨는 골프를 시작한 지 얼마 안 되어서 정말 재미있는 모양입니다.
6 코트를 사러 갔지만 비쌌기 때문에 보기만 하고 돌아왔다.
7 가벼울 것 같아서 혼자서 들 수 있을 거라고 생각하고 들어봤더니 무거워서 들지 못했다.
8 일본인이라면 누구나 일본어를 가르칠 수 있는 것은 아니다.
9 아무리 요리학교에서 배운 대로 해 봐도 좀처럼 맛있는 요리가 만들어지지 않는다.
10 A「다 같이 오키나와에 여행가지 않겠습니까?」
   B「오키나와라고 하면 바다가 아름다운 것으로 유명하죠.」

확인문제 ④

1 어두워지기 전에 집에 돌아가는 편이 좋지 않겠습니까?
2 야마다 군은 부모님의 반대에도 불구하고 결혼을 한다고 말했다.
3 내일 회의가 있기 때문에 회사를 쉴 수는 없습니다.
4 히라가나조차 모르면서도 일본어 책을 읽을 수 있을 리가 없다.
5 여름이 되면 홋카이도에서 큐슈에 걸쳐 축제가 열린다.
6 그녀는 아무리 많이 먹어도 체중이 늘지 않습니다. 왜 일까요?
7 선생님이 서둘러서 학교로 향하고 있는 모습을 발견했다.
8 스즈키「이 자료, 사용하지 않으면 정리해 둘까요?」
   타나카「내일 회의에서 필요해 질지도 모르니까 그대로 놔 줄래요?」

9 승객 「전철 안에 짐을 두고 와 버렸는데요….」
   역무원「우선 여기에 언제 어디에서 분실했는지와
         연락처를 써 주시겠습니까?」
10 대학을 졸업한 이후, 그녀와 만나지 않은 상태이다.

확인문제 ❺

1 나카하라 선생님은 다른 학생과 상담하고 계시기 때
   문에 조금 기다려 주시겠습니까?
2 10년 만에 일본에 돌아온 기무라 씨는 오랜만에 보
   는 일본 마쓰리(축제)를 그리운 듯이 바라보았다.
3 내일 회의에서는 지금까지의 제품과 다음 달 발매할
   예정인 신제품과의 차이점에 관해서 담당자에게 설
   명을 듣게 되어 있습니다.
4 간판 글씨가 멀리서도 잘 보이도록 해 달라고 부탁
   받았지만 글씨를 더 이상 크게 하는 것은 불가능하
   기 때문에 디자인을 바꿔보기로 했다.
5 하코다테의 야경은 옛날부터 아름다운 것으로 유명
   하지만 작년 처음 가서 더 빨리 왔다면 좋았을 텐데
   하고 생각했다.
6 만나 볼 때가지는 어떤 사람인지 모르기 때문에 걱
   정했지만 매우 좋은 사람이었기 때문에 안심했다.
7 이 침대 전문점에는 어린이용의 작은 것부터 큰 것
   이라면 폭이 3미터나 되는 것 까지 다양한 침대가 구
   비되어 있다.
8 일로 무리를 해서 나아가고 있던 감기가 심해져 버
   렸다.
9 집을 나와 버스를 타려고 했을 때, 스토브를 끄지 않
   고 켜놓은 채로 둔 것이 생각나, 당황하며 집으로 돌
   아갔다.
10 A「이 일, 내일까지 전부 정리할 수 있으세요? 」
   B「글세요, 해서 못할 건 없다고 생각하지만 밤늦게
     까지 걸려요 」

問題3 ▶ 글의 문법

글의 흐름에 맞는 문법 찾아내기 문제
주어진 글을 읽어가면서 글의 내용과 흐름에 맞는 말을 빈 칸에 넣는 문제이다.

問題3 次の文章をよんで、文章全体の内容を考えて、 19 から 23 の
中に入る最もよいものを1・2・3・4から一つえらびなさい。

人の話をもっと上手に聞けるようにしたいと思ったことは、あるだろ
うか？ 19 、あなたは少数派に属する。たいていの人は、もっと上
手に話せるようにしたいと思うことはあるにしても、もっと上手に聞
けるようにしたいと思うことは、あまりない。そんなことはおもいも
よらないというひとだって 20 。

19 1 もしあるとしても　　　　2 もしあるとしたら
　　3 あってもなくても　　　　4 もしないとすれば

| 19 | ① ● ③ ④ |

포인트

① 〈問題3〉은 〈問題2〉와는 달리 선택지를 먼저 봐서는 안 된다. 아무리 급해도 글
   전체를 처음부터 차근차근 읽어 가면서 [ ] 안을 자신의 말로 메워 가고 그것
   을 토대로 선택지를 보면 정답이 보일 것이다.
② [ ] 안에 들어갈 적당한 말을 찾기 어려울 때는 글의 흐름과 논리의 방향을
   기호로만 표시해도 된다. 순접은 「→」, 역접은 「←」, 부연은 「〈」, 바꾸어 말하기는
   「≒」, 긍정은 「○」, 부정은 「×」 등과 같은 기호로 메모해 두자.

학습요령

〈問題3〉에는 단락과 단락을 잇는 접속사와 긍정이냐 부정이냐 부분부정이냐 등을
묻는 문말표현 문제가 꼭 출제되고, 문맥상 적합한 지시어를 고르는 문제도 나올 수
있다. 그리고 문법인 기능어가 아니더라도 글의 흐름 속에서 중요한 역할을 지니고
있는 어휘를 고르는 문제도 반드시 출제된다.

問題3　つぎの文章を読んで、文章全体の内容を考えて、 1 から 5 の中に入る最も
よいものを1・2・3・4から一つえらびなさい。

　日本語が なかなか上手に 1 、困っている人が多い 2 聞きました。で
も、心配 3 。私は勉強を始めて半年以上すぎて、少し長い文章でも、 4 。
ちゃんと上手になっていますよ。
　みなさんは文章を読みながら、言葉や文法を勉強しますね。それも、もちろん
大切ですが、その文章にはどんなことが 5 自分の言葉で説明する練習も必要
です。そして、その文章を読んで思ったことや意見も、話したり書いたりしてみ
てください。そうやって練習すれば、もっと上手になりますよ。

1　1　なって　　　　2　ならなくて　　　3　なれば　　　　4　ならなかったら

2　1　を　　　　　　2　が　　　　　　　3　と　　　　　　4　に

3　1　しなければいけません　　　　　2　しなくてはいけません
　　　3　しなくてもいいです　　　　　　4　してもいいです

4　1　読めるようになりません　　　　2　読んでありません
　　　3　読めるようになりました　　　　4　読んであります

5　1　書いてあるのを　　　　　　　　2　書いてあるのが
　　　3　書いてあるのは　　　　　　　　4　書いてあるのか

問題3 つぎの文章を読んで、文章全体の内容を考えて、 1 から 5 の中に入る最も よいものを1・2・3・4から一つえらびなさい。

ワンチャイさん、こんにちは。お元気ですか。

ワンチャイさんが国へ帰ってから、もう3か月過ぎましたが、毎日忙しいです か。ワンチャイさんがいなくなって、わたしの家は少し 1 。両親も 妹 も、写 真を見ながらワンチャイさんのことをよく話しています。

春は、父の会社の人たちと一緒にお花見に行って、みんなで歌を歌ったりお どったりしましたね。 2 、夏には、海に行って釣った魚を焼いて食べました ね。ワンチャイさんが日本にいたのは半年ぐらいであまり長くなかったですが、 とても楽しかったです。

わたしは4月からは高校3年生です。今まではあまり勉強しないで、 3 。で も、今年は大学の試験があるので一生懸命勉強するつもりです。

日本は毎日とても寒いです。先週は雪が降りました。ワンチャイさんは雪を 4 と言っていたのを思い出したので、そのとき、庭で 5 撮った写真を送 りますね。

それでは、また。

2月10日 田中としお

1 　1　寂しくなりました 　　　　　2　寂しかったからです
　　　3　寂しいでしょうか 　　　　　4　寂しいだろうと思います

2 　1　しかし 　　　　2　たとえば 　　　3　それから 　　　　4　ですから

3 　1　遊ぶことになりました 　　　　2　遊んでばかりいました
　　　3　遊んでいませんでした 　　　　4　遊んでいると言いました

4 　1　見ないことがある 　　　　　2　見たくなかった
　　　3　見たことがない 　　　　　　4　見なかったらしい

5 　1　みんなは 　　　2　みんなや 　　　3　みんなも 　　　4　みんなで

정답　　　1①　　2③　　3②　　4③　　5④

問題3 つぎの文章を読んで、文章全体の内容を考えて、1 から 5 の中に入る最も よいものを1・2・3・4から一つえらびなさい。

> みなさんは学校を 1 、どうやってえらびますか。いちばんいい 2 その 学校へ行って、見ることだと思います。どんな学校か、どんな先生がいるか、学 校の周りは静かかどうかなど、自分の目で見て決めたほうがいいと思います。
>
> でも、留学するとき、学校は外国にありますから、 3 ね。そのときは、イ ンターネットでいろいろな学校を調べるといいでしょう。 4 、留学したこと のある友だちに経験を聞くのも役に立ちます。すばらしい留学生活にする 5 、 ぜひよく調べて、えらんでください。

1 1 えらんでも   2 えらんだら
    3 えらんだとき   4 えらぶとき

2 1 のは   2 ので   3 のに   4 のを

3 1 見に行きましょう   2 見に行ったほうがいいです
    3 見に行けません 4 見に行かなければなりません

4 1 ところが   2 それでは   3 また   4 すると

5 1 ために   2 ように   3 あいだに   4 ままに

問題3　つぎの文章を読んで、文章全体の内容を考えて、 1 から 5 の中に入る最もよいものを1・2・3・4から一つえらびなさい。

空港に飛行機が着いたときには、夜12時を過ぎていました。電車はもう走っていないので、ホテルのある市内までは、バスかタクシーを使う 1 。

しかし、タクシーは、とても高いので、バスがあるなら、バスで行きたいと思いました。

そこで、係りの人に市内へ行くバスは 2 あるかどうか聞くと、今日最後のバスが、もうすぐ出発するということでした。

急いで、バスの乗り場に行くと、バスはちょうど 3 でした。あわててバスの人に向かって手をふったら、バスを止めてくれて、 4 ことができました。バス 5 乗ったら安心し寝てしまいました。

1　1　でしょう　　　　　　　2　かもしれません
　　　3　しかありません　　　　4　ばかりです

2　1　もう　　　　　2　やっと　　　　3　まだ　　　　　4　いつ

3　1　出発しようとしたところ　　　2　出発するところ
　　　3　出発しているところ　　　　　4　出発しおわったところ

4　1　乗せてもらう　　　　　　　2　乗せてくれる
　　　3　乗せてさしあげる　　　　　4　乗せてあげる

5　1　へ　　　　　2　で　　　　　3　を　　　　　4　に

問題3　つぎの文章を読んで、文章全体の内容を考えて、 1 から 5 の中に入る最も
よいものを1・2・3・4から一つえらびなさい。

私の宝物

イム・ヨナ

　私は高校２年生の時、交通事故にあって一月入院しました。友達がたくさんお
見舞いに来てくれました。日本に住んでいたことがある友達は、日本の絵本を
1 。

　私は中学と高校で少し日本語を勉強していましたが、友達がくれた２冊の絵本
にはわからない言葉がたくさんありました。 2 、絵がすてきでおもしろそう
だったので、辞書をひいたり、電話でその友達に聞いたりして読みました。

　とてもおもしろくて、本当にいい本でした。

　この絵本が私の宝物になりました。それまで私は、大学で何を勉強したいか
3 、いい大学に入るためだけに受験勉強をしていました。でも、この２冊の
絵本を 4 、私は日本に行って児童文学を勉強したいと思うようになりまし
た。

　今、私は日本にいます。来年の春からは児童文学科の１年生です。これから
も、私は次の夢に向かって頑張るつもりです。いつか私も誰かの宝物になるよう
なすばらしい絵本を 5 。

1　1　見せてくれました　　　　　2　読んでくれました
　　　3　持って来てくれました　　　4　調べて来てくれました

2　1　それに　　　　2　たとえば　　　3　そして　　　　4　けれども

3　1　わかるように　　　　　　　　2　わかるまで
　　　3　わからないまま　　　　　　　4　わからないなら

4　1　知っても　　　2　知ってから　　3　知ったら　　　4　知る前に

5　1　書きたいと思います　　　　　2　書くことでした
　　　3　書くことだろうと思います　　4　書くことかもしれません

확인문제 1

일본어가 좀처럼 늘지 않아 곤란해하는 사람이 많다고 들었습니다. 하지만 걱정하지 않아도 됩니다. 저는 공부를 시작해서 반년 이상 지나 조금 긴 글이라도 읽을 수 있게 되었습니다. 확실히 실력이 늘었습니다.

여러분은 문장을 읽으면서 말과 문법을 공부하지요. 그것도 물론 중요합니다만, 그 문장에는 어떤 것이 쓰여 있는지 자신의 말로 설명하는 연습도 필요합니다. 그리고 그 문장을 읽고 생각한 것이나 의견도 이야기하거나 쓰거나 해 보세요. 그렇게 해서 연습하면 좀 더 능숙해질 거예요.

확인문제 2

완차이 씨, 안녕하세요. 잘 계십니까?

완차이 씨가 고국으로 돌아가고 나서 벌써 3개월이 지났는데, 매일 바쁘십니까? 완차이 씨가 가고 나서 저희 집은 조금 허전해졌습니다. 부모님도 여동생도 사진을 보면서 완차이 씨에 대해서 자주 이야기합니다.

봄에는 아버지 회사 사람들과 함께 꽃구경을 가서 다 같이 노래를 부르기도 하고 춤추기도 하고 했었죠. 그리고 여름에는 바다에 가서 낚시한 생선을 구워 먹었지요. 완차이 씨가 일본에 있었던 것은 반년 정도로 그다지 길지 않았지만 대단히 즐거웠습니다.

저는 4월부터는 고등학교 3학년입니다. 지금까지는 그다지 공부하지 않고 놀기만 했습니다. 하지만 올해는 대학 시험이 있어서 열심히 공부할 생각입니다. 일본은 매일 아주 춥습니다. 지난 주에는 눈이 내렸습니다. 완차이 씨는 눈을 본 적이 없다고 말했던 것이 생각 나서 그때 정원에서 다 같이 찍은 사진을 보냅니다.

그럼, 또 연락드리겠습니다.

2월 10일   다나카토시오

확인문제 3

여러분은 학교를 선택할 때 어떻게 선택합니까? 가장 좋은 것은 그 학교에 가서 보는 것이라고 생각합니다. 어떤 학교인지, 어떤 선생님이 있는지, 학교 주변은 조용한지 아닌지, 자신의 눈으로 보고 결정하는 편이 좋습니다.

하지만 유학 갈 경우, 학교는 외국에 있기 때문에 보러 갈 수 없지요. 그때는 인터넷에서 여러 학교를 조사해보면 좋겠죠. 또한 유학한 적이 있는 친구에게 경험을 묻는 것도 도움이 됩니다. 멋진 유학 생활을 하기 위해서 아무쪼록 잘 알아보고 선택하세요.

확인문제 4

공항에 비행기가 도착했을 때에는 밤 12시를 지났습니다. 전철은 이미 끊겼기 때문에 호텔이 있는 시내까지는 버스나 택시를 이용할 수 밖에 없습니다. 그러나 택시는 너무 비싸기 때문에 버스가 있다면 버스로 가고 싶었습니다.

그래서 담당자에게 시내로 가는 버스는 아직 있는지 어떤지 묻자, 오늘 마지막 버스가 이제 곧 출발한다고 했습니다. 서둘러서 버스 승차장에 가자 버스는 마침 떠나려는 참이었습니다.

황급히 버스에 있는 사람을 향해서 손을 흔들었더니 버스를 세워 주어서 탈 수가 있었습니다. 버스를 탔더니 안심되어 자버렸습니다.

확인문제 5

나의 보물

임연아

저는 고등학교 2학년 때 교통사고를 당해서 한 달 입원했습니다. 친구들이 많이 문병하러 와 주었습니다. 일본에 살았던 적이 있는 친구는 일본 그림책을 가져다 주었습니다.

저는 중학교와 고등학교에서 일본어를 조금 공부했지만, 친구가 준 두 권의 그림책에는 모르는 말이 많이 있었습니다. 그렇지만 그림이 멋지고 재미있을 것 같아서 사전을 찾거나, 전화로 그 친구에게 묻거나 하며 읽었습니다.

아주 재미있고 정말 좋은 책이었습니다.

이 그림책이 제 보물이 되었습니다. 그때까지 저는 대학에서 무엇을 공부하고 싶은지 모르는 채 오로지 좋은 대학에 들어가기 위한 수험공부만 하고 있었습니다. 하지

만 이 두 권의 그림책을 알고 나서 저는 일본에 가서 아동
문학을 공부하고 싶다고 생각하게 되었습니다.

 지금 저는 일본에 있습니다. 내년 봄부터는 아동문학과
1학년입니다. 앞으로도 저는 다음 꿈을 향해서 노력할 생
각입니다. 언젠가 저도 누군가의 보물이 될만한 훌륭한
그림책을 쓰고 싶습니다.

問題1 つぎの文の（　　　）に入れるのに最もよいものを、1・2・3・4 から一つえらびなさい。

1 (レストランで)

店員「いらっしゃいませ。お飲み物は何（　　　）なさいますか。」

客　「何がありますか。」

1　で　　　　　　　2　に　　　　　　　3　か　　　　　　　4　も

2 努力してここまで頑張ったのだから、今、やめる（　　　）。

1　わけだ　　　　　　　　　　　2　わけがない

3　わけにはいかない　　　　　　4　わけではない

3 学生「先生、明日の午前中は研究室に（　　　）か。」

先生「うん、いるよ。相談があるなら来なさい。」

1　参ります　　　　　　　　　　2　うかがいます

3　おいでになります　　　　　　4　おっしゃいます

4 冷蔵庫に入れたまま忘れていて、料理を（　　　）しまった。

1　くさらせられて　　2　くさられて　　3　くさって　　　　　4　くさらせて

5 せっかく2時間もかけて（　　　）、誰も食べてくれなかった。

1　作ったので　　　　　　　　　2　作ったのに

3　作ったばかりに　　　　　　　4　作ったように

6 田中「テスト、全部100点？すごいなあ！。」

山田「いやあ、ある程度できたとは思ってたけど、（　　　）とは思わなかったよ。」

1　これほど　　　　　2　こんなに　　　　3　それほど　　　　　4　そんなに

7 田中「次のテスト、いつか知ってる？」

山田「わからない。先生に聞いて（　　　）？」

田中「そうだね。そうしよう。」

1　みても　　　　　2　みたら　　　　3　みると　　　　　4　みるなら

8 明日の授業のために予習（　　　）、友達から電話がかかってきた。

1　してあるだろうと思えば　　　　2　してあるだろうと思ったら

3　しておこうとすれば　　　　　　4　しておこうとしたら

9 もう少しゆっくり（　　　）けど、頼みにくいからがまんして聞いている。

1　話してあげる　　　　　　　2　話してほしい

3　話してくれたい　　　　　　4　話してもらう

10 佐藤さん、遅いですね。どうも今日の予定を（　　　）ね。

1　忘れていないようです　　　　2　知っているらしいです

3　忘れているみたいです　　　　4　知ったそうです

11 A「ここへ来るのは初めてですか。」

B「いえ、２回目ですが、結婚（　　　）初めてです。」

1　する以降　　　　2　した以降　　　　3　して以来　　　　4　した以来

12 この色は私（　　　）あまり似合わない気がする。

1　には　　　　　　2　へは　　　　　　3　にまで　　　　　4　へまで

13 目が（　　　）、知らない駅に着いていてびっくりした。

1　さめるのに　　　2　さめれば　　　3　さめたので　　　4　さめると

問題2 つぎの文の ___★___ に入る最もよいものを、1・2・3・4から一つえらびなさい。

（問題例）

きのう _____ _____ __★__ _____ はとてもおいしかった。

1　母　　　　　　2　買ってきた　　　　3　が　　　　　4　ケーキ

（解答のしかた）

1．正しい文はこうです。

> きのう _____ _____ ____★____ _____ はとてもおいしかった。
>
> 1　母　　3　が　　2　買ってきた　　4　ケーキ

2．___★___に入る番号を解答用紙にマークします。

（解答用紙）　（例）　① ● ③ ④

---

14 友達を待っていたが、_____ __★__ _____ _____ した。

1　ないので　　　　　　　　　　2　先に行くことに

3　しかたなく　　　　　　　　　4　来そうに

15 私は野菜が _____ __★__ _____ _____ 苦手なものがあるだけだ。

1　すべて　　　　　　　　　　　2　種類

3　によって　　　　　　　　　　4　嫌いなのではなく

16 社員「部長、会議はすぐに始めますか。」

部長「いや、_____ __★__ _____ _____ 始めましょう。」

1　あと　　　　2　から　　　　3　して　　　　4　３０分ほど

17 この仕事は実は _____ _____ __★__ _____ ではない。

1　思っている　　2　ほど　　　3　みんなが　　4　大変なもの

18 昨日上司から _____ _____ __★__ _____ 忘れていて怒られました。

1　すっかり　　2　仕事を　　　3　頼まれた　　4　大事な

問題3 つぎの文章を読んで、文章全体の内容を考えて、 19 から 23 の中に入る最も
よいものを1・2・3・4から一つえらびなさい。

下の文章は留学生のヤンさんが書いた作文です。

日本での事故

ヤン・ゾシ

　私は半年前に日本に来た留学生です。私の国ではみんな車に乗ることが多く、
自転車に乗る人はあまりいません。私も国では自転車に 19 。でも、日本に来
て初めて自転車に乗ってみて、その便利さがわかってからは、私は毎日、自転車
で学校へ行くのが楽しみになりました。

　ある日、私は学校に遅れそうで、急いでいました。曲がり角に来たとき、
20 危ないかなと思いましたが、遅刻したくなかった私はスピードを落とさず
に曲がろうとしました。 21 、曲がり角の向こうから女の人が歩いてきまし
た。私はあわてて自転車を止めましたが、壁にぶつかって倒れてしまいました。
女の人は「大丈夫？」と聞いただけですぐ行ってしまって、私は痛い足と 22
を見ながら、どうしたらいいかわからず、一人で泣いていました。

　しばらくすると、救急車の音とさっきの女の人の声が聞こえました。女の人は
救急車を呼びに 23 。私は女の人の名前も聞けないまま救急車に乗せられて、
病院へ行きました。もしまたどこかであの女の人に会えたら、心からお礼を言い
たいです。

19　1　乗ろうと思っていました　　2　乗る方がいいと思います
　　　3　乗ったことがありませんでした　4　乗らなかったことがあります

20　1　あのままでも　2　このままでも　3　あのままでは　4　このままでは

21　1　すると　　　2　ところで　　3　そこで　　　4　だから

22　1　倒れた壁　　2　学校の壁　　3　壊れた自転車　4　女の人の自転車

23　1　行った方がよかったのです　2　行ってくれていたのです
　　　3　行こうとしました　　　　4　行かせてもらいました

문제1 다음 문장의 （　　　）에 들어갈 가장 적절한 것을 1・2・3・4에서 하나 고르세요.

1 (レストランで)

店員「いらっしゃいませ。お飲み物は何（　　　）なさいますか。」

客　「何がありますか。」

1　で　　　　　　　　2　に　　　　　　　　3　か　　　　　　　　4　も

정답 **2** 점원「어서 오세요. 음료는 무엇으로 하시겠습니까?」

손님「어떤 것이 있나요?」

어휘 飲み物 음료, 마실 것 | なさる 하시다(する의 존경어)

해설 이 문제는 「何」와 접속하는 조사의 쓰임새를 묻는 문제이다. 조사 「に」는 그 쓰임새가 다양하며 「～にする(~으로 하다)」는 몇 개의 선택 중에서 어느 한 가지를 정할 때 사용하는 표현으로 「する」의 존경어인 「なさる(하시다)」와 결합된 문제이다. 그 외 「何で(무엇으로)」, 「何か(뭔가)」, 「何も~ない(아무것도~없다)」 등도 함께 학습해 두자.

2 努力してここまで頑張ったのだから、今、やめる（　　　）。

1　わけだ　　　　　2　わけがない　　　3　わけにはいかない　4　わけではない

정답 **3** 노력해서 여기까지 견뎌냈으니까, 지금 그만둘 수는 없다.

어휘 努力 노력 | 頑張る (끝까지)견디며 버티다, 노력하다 | 止める 그만두다, 끊다

해설 「わけ」의 용법은 출제 빈도가 높으며 꼭 학습을 해 두어야 한다. 「わけにはいかない」는 사회적인 통념이나 도덕적 상식, 심리적인 이유 등으로 비추어 볼 때 '불가능하다', '해서는 안 된다'는 의미로 「~할 수 없다」는 뜻을 나타낸다. 그 외에도 「わけではない(~한 것은 아니다)」, 「わけだ(~한 것이다)」, 「わけがない(~할 리가 없다)」의 용법도 확인해 두자.

3 学生「先生、明日の午前中は研究室に（　　　）か。」

先生「うん、いるよ。相談があるなら来なさい。」

1　参ります　　　　　　　　　　　　2　うかがいます

3　おいでになります　　　　　　　　4　おっしゃいます

정답 **3** 학생　「선생님, 내일 오전 중에는 연구실에 계십니까?」

선생님「응, 있어요. 상담할 게 있으면 오세요..」

어휘 研究室 연구실 | 相談 상담

해설 학생과 선생님의 대화에서 올바른 경어의 사용을 묻는 문제이다. 학생이 선생님에게 '연구실에 계십니까'라고 묻고 있으므로 「来る」, 「居る」, 「出る」의 높임말로 가심, 오심, 계심, 나가심의 의미를 나타내는 「おいでになる」가 정답이다. 그 외 「参ります('가다, 오다' 의 겸양어)」, 「伺います('묻다, 듣다, 방문하다'의 겸양)」, 「おっしゃいます(말씀하십니다)」 등의 경우, 학생은 존경 표현을 선택해야 하므로 겸양 표현인 1, 2번을 소거를 한 뒤 문제를 푸는 것이 효율적이다.

4　冷蔵庫に入れたまま忘れていて、料理を（　　　）しまった。

　　1　くさらせられて　　　2　くさられて　　　3　くさって　　　4　くさらせて

정답　**4**　냉장고에 넣은 둔 채 잊어 요리를 상하게 하고 말았다.

어휘　冷蔵庫 냉장고 | 入れる 넣다 | 忘れる 잊다, 잊어버리다 | 料理 요리 | 腐る 썩다, 상하다

해설　이 문제는 '요리를 상하게 하고 말았다'고 하는 사역 활용을 묻는 문제이다. 「腐る(상하다)→腐
　　らせる(상하게 하다)」가 되므로 4번이 정답이다.

5　せっかく2時間もかけて（　　　）、誰も食べてくれなかった。

　　1　作ったので　　　　2　作ったのに　　　3　作ったばかりに　　　4　作ったように

정답　**2**　모처럼 2시간이나 걸려 만들었는데, 아무도 먹어 주지 않았다.

어휘　作る 만들다 | 時間をかける 시간을 들이다 | ちっとも (부정 수반) 조금도, 전혀 | たしか 확실함, 틀
　　림없음 | たとえ 설령, 가령

해설　「せっかく(모처럼, 일부러)」는 「せっかく〜のに(모처럼 ~했는데)」, 「せっかく〜だから(모처럼 ~했으니
　　까)」의 꼴로 쓰인다. 뒷 문장에 '누구도 먹어 주지 않는다'는 의외의 결과가 일어난 것에 대해 유감을 나타내는
　　「せっかく〜のに(모처럼 ~했는데)」가 적절하다. 따라서 정답은 2번이 된다.

6　田中「テスト、全部100点？すごいなあ！」
　　山田「いやあ、ある程度できたとは思ってたけど、（　　　）とは思わなかったよ。」

　　1　これほど　　　　2　こんなに　　　3　それほど　　　4　そんなに

정답　**1**　다나카「테스트, 전부 100점? 굉장한데!」
　　　　야마다「아니 뭐, 어느 정도 했다고는 생각했지만 이 정도일 거라고는 생각하지 않았어.」

어휘　テスト 테스트, 시험 | 全部 전부 | すごい 굉장하다, 대단하다 | ある程度 어느 정도

해설　어떤 상태의 정도를 강조하는 「ほど(정도)」의 용법으로, '시험을 쳤는데 「これほど(이 정도)」로 잘했을 거
　　라고는 생각하지 않았다'고 하는 1번이 정답이 되며, 「このように(이처럼)」의 구어체인 「こんなに(이렇
　　게)」와, 「それほど(그만큼)」은 의미상 적절하지 않다.

7　田中「次のテスト、いつか知ってる？」
　　山田「わからない。先生に聞いて（　　　）？」
　　田中「そうだね。そうしよう。」

　　1　みても　　　　2　みたら　　　3　みると　　　4　みるなら

정답　**2**　다나카「다음 테스트, 언제인지 알아?」
　　　　야마다「몰라, 선생님에게 물어보면 어때?」
　　　　다나카「그렇네, 그렇게 하자.」

어휘　いつか 언제인지 | 聞く 듣다, 묻다, 질문하다

해설　어떤 행동을 하도록 상대에게 제안하는 표현으로 「〜たらどうですか？(~하면 어떻겠습니까?)」는 허물없
　　는 사이에서 「〜たらどう？」, 「〜たら」라는 형태로 쓰이기 때문에 친구, 학생들의 대화로 진행되고 있는
　　2번이 정답이다.

⑧ 明日の授業のために予習（　　　）、友達から電話がかかってきた。

1　してあるだろうと思えば	2　してあるだろうと思ったら
3　しておこうとすれば	4　しておこうとしたら

정답 **4**　내일 수업을 위해 예습해 두려고 했더니, 친구에게서 전화가 걸려 왔다.

어휘 授業 수업 | 予習 예습

해설 「～しておく(~해 두다)」의 의지형인 「～しておこう」의 표현과, 어쩔 수 없는 사태의 출현 · 발견 등이 왔을 때 쓰이는 「～たら～た (~했더니 ~했다)」가 결합된 문장이다. 즉, '예습해 두려고 했더니 친구에게서 전화가 걸려 왔다'로 4번이 정답이다.

⑨ もう少しゆっくり（　　　）けど、頼みにくいからがまんして聞いている。

1　話してあげる	2　話してほしい	3　話してくれたい	4　話してもらう

정답 **2**　조금, 천천히 이야기해주었으면 하지만, 부탁하기 어려워서 참고 듣고 있다.

어휘 もう少し 좀 더 | 頼む 부탁하다, 의뢰하다 | ～にくい ~하기 어렵다, 하기 거북하다 | 我慢する 참다

해설 「~ 해 주다」라고 해석만을 한다면 선택지 모두가 정답처럼 생각될 것이다.
이 문제의 경우, 말하는 이가 상대방이나 그 외의 사람에게 요구나 희망을 나타낼 때 사용하는 표현을 묻는 문제로 「～てほしい(~하길 바란다, 했으면 한다)」가 정답이다. 비슷한 표현으로 「～てもらいたい(~해 받고 싶다. ~해 주었으면 좋겠다)」도 출제 빈도가 높은 표현이므로 함께 알아두자.
「～てあげる(~해 드리다)」는 상대방을 위해서 친절한 행위를 할 때 , 「～てくれる(~해 주다)」는 남이 나에게 해 주는 행위에, 「～てもらう(~해 주다, ~해 받다)」는 내가 누군가에게 어떤 행위를 부탁해 누군가가 친절한 행위를 해 주었을 때 사용하므로 모두 정답이 아니다.

⑩ 佐藤さん、遅いですね。どうも今日の予定を（　　　）ね。

1　忘れていないようです	2　知っているらしいです
3　忘れているみたいです	4　知ったそうです

정답 **3**　사토 씨, 늦네요. 아무래도 오늘 예정을 잊은 것 같군요.

어휘 遅い (동작이)느리다/(시기, 시간이) 늦어지다, 늦다 | 予定 예정 | 忘れる 잊다, 잊어버리다

해설 '어쩐지 오늘 예정을 잊은 것 같다'는 자신의 느낌을 단정을 피해서 말하고자 할 때 사용하는 추측 표현이므로 「ようだ」의 구어체 표현인 3번 「みたいだ」가 정답이다. 「らしい」의 경우, 자신의 감각이나 주관으로 추측한 경우에도 사용할 수 있지만, 말하는 사람이 보고 듣고 한 것을 근거로 판단하는 직감적인 생각이 아닌 객관적인 근거에 의한 판단의 의미도 가지고 있다. 이 점이 「ようだ, みたいだ(추측)」와 다르다고 할 수 있다.

⑪ A「ここへ来るのは初めてですか。」

　　B「いえ、2回目ですが、結婚（　　　）初めてです。」

1　する以降	2　した以降	3　して以来	4　した以来

정답 **3**　A「여기에 오신 것은 처음인가요?」
　　　B「아뇨, 두 번째인데 결혼한 이후 처음입니다.」

어휘 初めて 처음으로, 비로소 | 結婚 결혼

해설 어떤 행동을 한 후 그 상태가 지금까지 계속되고 있다는 의미를 나타내는 표현으로, 결혼하고 나서 계속 오지 않고 있다가 처음 왔다는 뜻의 3번「〜て以来(〜한 이후, 〜이래)」가 정답이다. 우리말로 뜻을 직역하여「〜た以来(X)」를 선택하지 않도록 주의하자.

12 この色は私（　　　　）あまり似合わない気がする。

　　1　には　　　　　　　2　へは　　　　　　　3　にまで　　　　　　4　へまで

정답 **1**　이 색은 나에게는 그다지 어울리지 않는 느낌이 든다.

어휘 色 색, 빛깔 | あまり〜ない 그다지(별로) 〜않다 | 似合わない 어울리지 않다, 맞지 않다 | 気がする 생각이 들다, 기분이 들다

해설 조사「に」가 붙은 명사를 강조하기 위해「は」가 첨가된 형태이다. 여기서는 사람을 나타내는 명사를 받아 '그 사람에게는'이라는 의미를 나타낸다.「へは」는 이동 방향·도착점을 나타내는 기능이 있어 장소 등의 명사 뒤에 사용된다.

13 目が（　　　　）、知らない駅に着いていてびっくりした。

　　1　さめるのに　　　　2　さめれば　　　　　3　さめたので　　　　4　さめると

정답 **4**　눈을 뜨니, 모르는 역에 도착해 있어 깜짝 놀랐다.

어휘 目が覚める 잠이 깨다, 눈이 뜨이다, 깨닫다, 정신을 차리다 | 着く 닿다, 도착하다 | びっくりする 깜짝 놀라다

해설 「と」는「まっすぐ行くと銀行が出ます(곧장 가면 은행이 나옵니다)」와 같은 '사실적 조건' 이외에도「〜と〜た(〜하자 〜했다)」라는 '발견'의 의미로 사용되기도 한다. 그리고 발견의 의미로 쓰일 때는「〜たら」로도 대체할 수 있다. 반면,「ば」는 발견의 의미가 없으며, 가정의 의미를 나타낼 때에는 문말에「〜た」형(과거)이 오지 않는다.

문제2　다음 문장의 __★__ 에 들어갈 가장 적합한 것을 1·2·3·4 에서 하나 고르세요.

14 友達を待っていたが、_____ ★_____ _____ した。

　　1　ないので　　　　2　先に行くことに　　　3　しかたなく　　　4　来そうに

정답 **1**　친구를 기다리고 있었는데 올 것 같지 않아서, 하는 수 없이 먼저 가기로 했다.

올바른 문장 友達を待っていたが、来そうにないのでしかたなく先に行くことにした。

어휘 先に行く 먼저 가다 | 仕方なく 하는 수 없이 | くらい 〜정도, 〜가량 〜쯤 | 着く 닿다, 도착하다 | って 〜라고, 〜라고 하는, 〜라는 것은

해설 먼저 이 문제는 빈칸에 선택지 하나씩 넣으면서 문맥을 완성시키는 방법은 효율적이지 않다. 밑의 선택지만을 보고 우선「〜そうにない(〜지 않을 것 같다)」에 힌트를 얻어「来そうに＋ないので(올 것 같지 않아서)」를 완성시키면, '올 것 같지 않아서 〜하기로 했다'를 유추할 수 있다. 그리고 문말에는「동사원형＋ことにする(〜하기로 하다)」, 즉「先に行くことにた(먼저 가기로 했다)」를 연결시키고, 빈 자리에「しかたなく(하는 수 없이)」를 넣으면 순서는 4-1-3-2 가 된다.

15 私は野菜が ＿＿＿ ★ ＿＿＿ ＿＿＿ 苦手なものがあるだけだ。

1 すべて　　　　2 種類　　　　3 によって　　　　4 嫌いなのではなく

정답 **4**　나는 채소를 전부 싫어하는 것이 아니라, 종류에 따라서 잘 먹지 못하는 것이 있을 뿐이다.

올바른 문장　私は野菜がすべて嫌いなのではなく種類によって苦手なものがあるだけだ。

어휘　野菜 채소｜すべて 모두, 전부｜嫌いだ 싫다, 싫어하다｜種類 종류｜苦手だ 서툴다, 싫다, 질색이다

해설　먼저 「種類＋によって(~에 따라서)」의 형태로 뒤의 문장을 완성시킨다. 남은 1, 4번중 뒷문장 「苦手な~」
와의 연결을 생각해 보면 「すべて」는 올 수 없으므로 맨 앞으로 가져와 「すべて＋嫌いなのではなく」의
형태로 나열하면 1-4-2-3이 정답이 된다.

16 社員：「部長、会議はすぐに始めますか。」

部長：「いや、＿＿＿ ★ ＿＿＿ ＿＿＿ 始めましょう。」

1 あと　　　　2 から　　　　3 して　　　　4 ３０分ほど

정답 **4**　아니, 앞으로 30분정도 (경과한) 후에 시작합시다.

올바른 문장　いや、あと30分ほどしてから始めましょう。

어휘　会議 회의｜始める 시작하다

해설　「あと」는 시간적으로 '나중, 다음', '이제, 앞으로' 이라는 뜻을 가지며, 「する」는 '하다'라는 의미 외에도 시
간을 나타내는 말에 붙어 '시간이 경과하다'라는 의미를 나타낸다. 우선 시간을 나타내는 「30分ほど」를 기
준으로 앞뒤로 접속할 수 있는 것은 「あと(앞으로)＋30分ほど(30분정도)＋する(경과하다)」이며, 나머지
「から」는 「して」 뒤에 붙이면, '~하고 나서'의 뜻이 된다. 위 사항들을 조합하면, 1-4-3-2가 된다.

17 この仕事は実は ＿＿＿ ＿＿＿ ★ ＿＿＿ ではない。

1 思っている　　　　2 ほど　　　　3 みんなが　　　　4 大変なもの

정답 **2**　이 일은 실은 모두가 생각하는 만큼 힘든 것은 아니다.

올바른 문장　この仕事は実はみんなが思っているほど大変なものではない。

어휘　仕事 일｜実は 실은, 사실은

해설　이 문제는 「大変なもの」를 문장 마지막 「ではない」와 연결시키면 간단해진다. 나머지는 「みんなが思っ
ているほど(모두가 생각하고 있는 만큼)」이 연결되어 3-1-2-4가 된다.

18 昨日上司から ＿＿＿ ＿＿＿ ★ ＿＿＿ 忘れていて怒られました。

1 すっかり　　　　2 仕事を　　　　3 頼まれた　　　　4 大事な

정답 **2**　어제 상사로부터 부탁 받은 중요한 일을 완전히 잊어버려 야단맞았습니다.

올바른 문장　昨日上司から頼まれた大事な仕事をすっかり忘れていて怒られました。

어휘　昨日 어제｜上司 상사｜頼む 부탁하다, 의뢰하다｜大事な仕事 중요한 일｜すっかり 완전히, 아주｜
忘れる 잊다, 잊어버리다｜怒る 화내다

해설　먼저 「すっかり」가 「忘れる」의 마지막 문장과 연결된다. 그리고 앞 문장에서 「上司から」의 형태를 취하고
있으므로 「頼まれた(부탁받았다)」가 오며, 나머지 「大事な仕事を」를 연결하면 3-4-2-1의 순서가 된다.

문제3 다음 문장을 읽고, 문장 전체의 내용을 생각하며, 19 에서 23 안에 들어갈 가장 적합한 것을 1·2·3
·4 에서 하나 고르시오.

해석 아래 문장은 유학생 양씨가 쓴 작문입니다.

일본에서의 사고

양 죠시

저는 반년 전 일본에 온 유학생입니다. 저의 나라에서는 모두 차를 타는 경우가 많고 자전거를 타는 사람은
별로 없습니다. 저도 우리나라에서는 자전거를 19 탄 적이 없습니다. 그렇지만 일본에 와서 처음 자전
거를 타보고, 그 편리함을 알고 나서는, 저는 매일 자전거로 학교에 가는 것이 즐거움이 되었습니다.
어느 날, 저는 학교에 늦을 것 같아 서둘렀습니다. 길 모퉁이에 왔을 때, 20 이 대로는 위험할지도 모른다
고 생각했지만, 지각하고 싶지 않았던 저는 속도를 떨어뜨리지 않고 돌려고 했습니다. 21 그러자 길모퉁
이 건너편에서 여자가 걸어 왔습니다. 저는 당황해서 자전거를 멈췄지만, 벽에 부딪혀 넘어지고 말았습니다.
여자는 괜찮아요? 라고 물었을 뿐, 바로 가버려 저는 아픈 다리와 22 부서진 자전거를 보면서 어떻게 하
면 좋을지 몰라 혼자서 울고 있었습니다.
잠시 지나자 구급차 소리와 조금 전 여자의 목소리가 들려왔습니다. 여자는 구급차를 23 부르러 가 주었
던 것입니다. 저는 여자의 이름도 묻지 못한 채 구급차에 실려, 병원에 갔습니다. 만일, 또 어딘가에서 그
여자를 만날 수 있다면 마음 깊이 감사의 말을 하고 싶습니다.

어휘 事故 사고 | 半年 반년 | 留学生 유학생 | 自転車 자전거 | 初めて 처음으로 | 便利さ 편리함 | 楽しみに
なる 즐거움이 되다 | ある日 어느 날 | 遅れる 늦어지다 | 急ぐ 서두르다, 마음이 조급해 지다 | 曲がり
角 길 모퉁이 | 危ない 위험하다 | 遅刻 지각 | スピード 스피드, 속력 | 落とさずに 떨어뜨리지 않고 |
曲がる 구부러지다, 방향을 바꾸다, 돌다 | 向こう 맞은편, 건너편 | 慌てる 당황하다, 허둥대다, 몹시 서
두르다(부랴부랴) | 止める 멈추다, 세우다 | 壁にぶつかる 벽에 부딪히다 | 倒れる 쓰러지다, 넘어지다 |
痛い 아프다 | 泣く 울다 | しばらくする 잠시(잠깐) 지나다 | 救急車 구급차 | 音 소리 | さっき 아까,
조금 전 | 声が聞こえる 목소리가 들리다 | 呼ぶ 부르다 | 病院 병원 | もし 만약(에), 만일(에) | お礼を
言う 감사의 말(인사)을 하다

19   1   乗ろうと思っていました   2   乗る方がいいと思います

     3   乗ったことがありませんでした   4   乗らなかったことがあります

정답 3

해설 글의 문법에서는 앞뒤 문장을 잘 살펴보면 간단하게 답을 찾을 수 있다. '모두가 차를 타는 경우가 많고 자
전거를 타는 사람은 거의 없다. 저도 우리 나라에서는 자전거를…'이라는 문장 뒤에 '그렇지만 일본에 와서
처음으로 자전거를 탔봤다'는 내용이 이어지므로 정답은 3번「乗ったことがありませんでした(탄 적이
없었습니다)」가 적당하다.

20   1   あのままでも   2   このままでも   3   あのままでは   4   このままでは
정답 4

해설 '모퉁이를 돌 때, 이대로는 위험하다고 생각했습니다' 이므로 4번「このままでは」가 정답이다. 2번「この
ままでも(이대로도)」의 경우 '이대로 괜찮을 거라고 생각하다'는 내용이 이어져야 하므로 오답이다.

21 1 すると   2 ところで   3 そこで   4 だから

정답 1

해설 '스피드를 떨어뜨리지 않고 돌려고 했다'는 앞 문장과 '길 모퉁이 저편에서 여자가 걸어 왔다'는 내용에서, 어떠한 동작이 앞의 일에 이어서 바로 다음 일이 일어나고 있으므로 「すると(그러자)」가 정답이다. 「ところで(그런데), そこで(그래서, 그러면), だから(그래서)」도 함께 익혀두자.

22 1 倒れた壁   2 学校の壁   3 壊れた自転車   4 女の人の自転車

정답 3

해설 자전거가 벽에 부딪쳐 넘어졌다는 문장에서 유추할 수 있는 것은 아픈 발과 「壊れた自転車(부서진 자전거)」라는 것을 알 수 있으므로 정답은 3번이 된다.

23 1 行った方がよかったのです   2 行ってくれていたのです
    3 行こうとしました   4 行かせてもらいました

정답 2

해설 혼자 어쩌면 좋을지 몰라 울고 있었으나 「女の人は救急車を呼びに…(여자는 구급차를 부르러…)」라는 문장과의 연결을 생각하면 정답은 2번 「行ってくれていたのです(가주었던 것입니다)」가 와야 자연스럽다.

N3

실전모의테스트 1회

문법

問題1 つぎの文の（　　　）に入れるのに最もよいものを、1・2・3・4から一つ
えらびなさい。

1 A「駅前にできたカレー屋、すごくおいしいらしいよ。」
　 B「それじゃ、来週（　　　）一度行ってみようか。」

　　1　まで　　　　　　2　にも　　　　　　　3　も　　　　　　4　にでも

2 あの子は、面白いことを言って友達を（　　　）のが得意だ。

　　1　笑ってもらう　2　笑われる　　　　　3　笑わせる　　　4　笑わせられる

3 （　　　）去年は練習したのだから、今年は優勝できるかもしれない。

　　1　これほど　　　2　それほど　　　　　3　あれほど　　　4　どれほど

4 その雑誌は今よく売れているので、大きな本屋に行っても（　　　）買えないかも
しれませんよ。

　　1　できれば　　　2　かならず　　　　　3　できるだけ　　4　もしかしたら

5 この辞書は漢字の意味を（　　　）のに、とても便利です。

　　1　調べている　　2　調べる　　　　　　3　調べた　　　　4　調べられる

6 このお茶は、薬（　　　）飲まれているそうだ。

　　1　によっても　　2　にとっても　　　　3　としても　　　4　に対しても

7 （会社で）
　 中村「どうしたんですか、山口さん。お昼食べに行かないんですか。」
　 山口「何も食べたくないんです。風邪でゆうべから食欲がなくて。」
　 中村「風邪なら無理しても何か食べたほうが（　　　）。」

　　1　いいですか　　　　　　　　　　　2　悪いですか
　　3　いいんじゃないですか　　　　　　4　悪いんじゃないですか

8 A「そういうことなら村上さんという人に相談すればいいと思うんですが、一度
　　会ってみますか。」

B「ええ、（　　　）ありがたい　ですね。」

1　ご相談すれば　　　　　　　　　　2　ご紹介すれば

3　ご相談していただければ　　　　　4　ご紹介していただければ

9 この映画は前にも何度か（　　　）が、いつ見ても本当にいい映画だと思います。

1　見たばかりです　　　　　　　　　2　見ています

3　見るつもりです　　　　　　　　　4　見ようとしました

10 夜眠れなかったので、外に散歩に（　　　）、雲の間からきれいな月が出ていた。

1　出てみても　　2　出てみるなら　　3　出てみれば　　4　出てみると

11 お酒を飲んだ時は、このあいだみたいに車を（　　　）と父に注意された。

1　運転できないように　　　　　　　2　運転したりしないように

3　運転してもいいように　　　　　　4　運転してしまった

12 （イベント会場の入口で）

入場チケットを（　　　）方はこちらの列に、チケットがない方はあちらの列にお並
びください。

1　お持ちの　　　2　お持ちする　　　3　お持ちになる　4　お持ちになさる

13 妻「病院の検査の結果、どうだった？」

夫「うん。（　　　）から、心配しなくていいって言われたよ。」

妻「そう、よかった。」

1　大したことはない　　　　　　　　2　大してことはない

3　大したものはない　　　　　　　　4　大してものはない

問題2 次の文の ★ に入る最もよいものを、1・2・3・4から一つえらびなさい。

（問題例）

きのう ＿＿＿＿ ＿＿＿＿ ★ ＿＿＿＿ はとてもおいしかった。

1 母 2 買ってきた 3 が 4 ケーキ

（解答のしかた）

1．正しい文はこうです。

> きのう ＿＿＿＿ ＿＿＿＿ ★ ＿＿＿＿ はとてもおいしかった。
>
> 1 母 3 が 2 買ってきた 4 ケーキ

2． ★ に入る番号を解答用紙にマークします。

（解答用紙） （例） ① ● ③ ④

---

14 A「あれ？ 佐藤さんは今日ハイキングに来ないんですか。」

B「さっき電話があって、今 ＿＿＿ ＿＿＿ ★ ＿＿＿ あと10分くらいで着くって言ってました。」

1 向かって 2 ところで 3 こちらに 4 いる

15 水族館で子供たちは、初めて ＿＿＿ ＿＿＿ ★ ＿＿＿ 。

1 ペンギンを 2 見ていた 3 見る 4 珍しそうに

16 娘にはピアノがひける ＿＿＿ ＿＿＿ ★ ＿＿＿ しません。

1 ほしいんですが　　　　　　　2 練習しようと

3 ようになって　　　　　　　　4 わたしが言わないと

17 学校の先輩の部屋に行ったら、エアコンも ＿＿＿ ＿＿＿ ★ ＿＿＿、
びっくりした。

1 なくて　　　　2 なければ　　　　3 冷蔵庫も　　　4 ちょっと

18 このチームには日本代表に ＿＿＿ ＿＿＿ ★ ＿＿＿ 選手がたくさん
いる。

1 不思議ではない　　　　　　　2 ちっとも

3 選ばれても　　　　　　　　　4 くらいの

問題3 つぎの文章を読んで、文章全体の内容を考えて、 19 から 23 の中に入る
最もよいものを、1・2・3・4から一つえらびなさい。

以下の文章は、留学生の作文である。

日本人の休日

エマ　マイヤー

　日本に来てもうすぐ半年になります。日本人の友達ができて、休みの日には一
緒に遊びに行くことも多くなりましたが、最近気になることがあります。

　日本人の友達が 19 は、人がたくさんいる所や、カラオケなどがほとんどで
す。にぎやかで楽しいですが、疲れることも多いので困ります。それで、わたし
は一人で家の近くの公園を散歩 20 。町の中の公園ですが、緑が多くて落ち着
くので、ベンチで本を読んだりしてゆっくり過ごします。

　 21 時、いつものように誘われたので、私は公園へ行こうと言ってみました。
22 、「公園なんか行って、何をするの？」と意外そうな顔で聞き返されてしまい
ました。日本人は、休みの日に公園や自然の中で過ごす習慣があまりないようで、
特に若い人は、公園は子どもやお年寄りのための場所と考えているようです。わ
たしの国では、世代に関係なく公園へ行って、散歩をしたり、のんびりおしゃ
べりをしたりするのが普通です。わたしは日本の友達ともそうやって 23 と
思っています。

1 聞かせてくれる所　　　　2 話してくれる所
3 誘ってくれる所　　　　　4 来てくれる所

1 するつもりです　　　　　2 しなくなりました
3 することが多くなりました　4 しないで帰りました

1 この　　　　　　　　　　2 その
3 あの　　　　　　　　　　4 ある

1 それから　　　　　　　　2 すると
3 そのため　　　　　　　　4 ところで

1 過ごすことは無理だ　　　2 過ごしてみたい
3 過ごすことはやめよう　　4 過ごしてほしい

N3

실전모의테스트
2회

문법

問題1 つぎの文の（　　　　）に入れるのに最もよいものを、1・2・3・4 から一つえらびなさい。

1 結婚のあいさつにひとりひとりプレゼントを配るなんて、彼女（　　　　）ですね。

   1　みたい　　　　2　らしい　　　　　3　のよう　　　　4　だそう

2 時間がなかったので、散らかった（　　　　）外出した。

   1　ままで　　　　2　ところ　　　　　3　うちに　　　　4　とちゅうで

3 この先生のテストでは、いつも同じ問題（　　　　）出題される。

   1　なんか　　　　2　ごとに　　　　　3　きり　　　　　4　ばかり

4 そんなに気になるなら、一度連絡（　　　　）どうですか。

   1　してみるのが　2　してみると　　　3　してみたなら　4　してみるのは

5 パソコンの画面を見（　　　　）ら、頭が痛くなってしまった。

   1　あやまった　　2　つづけた　　　　3　ばかりした　　4　だけした

6 一人暮らしが（　　　　）大変だとは、想像もしていなかった。

   1　こんなに　　　2　このくらい　　　3　どんなに　　　4　どのくらい

7 来月は長期休暇をとって、旅行（　　　　）行ってこようかと思う。

   1　へは　　　　　2　にでも　　　　　3　には　　　　　4　とは

8 学生「明日のテストには、黒いボールペンが必要ですか。」

先生「いいえ、それは（　　　　　　）。」

1　持ってこなくてもいいですよ　　　2　持ってくる必要がありますよ

3　持っていったらいけませんよ　　　4　持って行かなくてはなりませんよ

9 上司「今日は、A社の社長が（　　　　　　）予定ですから、応接室(おうせつしつ)の用意をしておいて

くださ い。」

部下「はい、わかりました。」

1　おいでになる　　　　　　　　　2　うかがう

3　まいる　　　　　　　　　　　　4　おみえとなる

10 どうか、退学する（　　　　　　）言わないでくださいよ。卒業まで一緒(いっしょ)に頑張(がんば)りましょ

う。

1　さえも　　　　2　ものだと　　　　3　まで　　　　4　なんて

11 母親　「100点とるなんて、すごいじゃない。」

子ども「テストの前に友達がノートを（　　　）けど、それがよかったみたい。」

1　見てあげたんだ　　　　　　　　2　見せてくれたんだ

3　見させてもらったんだ　　　　　4　見ていたんだ

12 先生は昔(むかし)チーズケーキがお好きだったが、年をとられてからは（　　　　　　）しまっ

たそうだ。

1　めしあがれなくなって　　　　　　2　めしあがれるようになって

3　めしあがることがやさしくなって　4　めしあがるつもりになって

13 上司「このプロジェクトへの参加を希望する人はいらっしゃいますか。」

部下「よろしければ、私に参加（　　　　）。」

1　させていただけませんでしょうか

2　させてさしあげませんでしょうか

3　してくださってもよろしいでしょうか

4　していただいてもよろしいでしょうか

問題2 次の文の＿★＿に入る最もよいものを、1・2・3・4から一つ選びなさい。

14 この問題は、日本だけ ＿＿＿＿ ＿＿＿＿ ＿★＿ ＿＿＿＿べきである。

　　1　で　　　　　　2　地球規模　　　　3　考えられる　　　　4　でなく

15 彼は、外見が ＿＿＿＿ ＿★＿ ＿＿＿＿ ＿＿＿＿あるので、文句のつけようがない。

　　1　学歴まで　　　2　いいばかりか　　3　あるし　　　　　　4　実力が

16 妻「見ていないなら、テレビは消^けすね。」

夫「いや、聞いて ＿＿＿＿ ＿＿＿＿ ＿★＿ ＿＿＿＿んだけど。」

1　おいて　　　　2　ほしい　　　　3　いるから　　　4　つけて

17 会社が大きく ＿＿＿＿ ＿＿＿＿ ＿★＿ ＿＿＿＿ような気がしてならない。

1　なくなり　　　　　　　　　　2　前のような雰囲気が

3　つつある　　　　　　　　　　4　なるにつれて

18 父は食べながら黙^{だま}ってうなずくことで、＿＿＿＿ ＿＿＿＿ ＿★＿ ＿＿＿＿。

1　のだ　　　　　2　おいしい　　　3　と　　　　　4　言いたい

問題3 つぎの文章を読んで、文章全体の内容を考えて、[19] から [23] の中に入る最もよいものを、1・2・3・4から一つえらびなさい。

次の文章は留学生が書いた作文である。

日本の接客サービス

　わたしが日本に留学を決めた理由の一つに、日本の接客サービスがあります。私は、留学前に一度だけ日本を旅行したことがありますが、そのときの接客サービスにとても [19] 。例えば、レストランでは水やコーヒーのお代わりを持ってきてくれたり、洋服を買うと、店員が店の入り口まで来てドアを開けてくれたりしました。私の国には、[20] はありません。だから、私は日本のサービスが勉強したくなって、留学を決めました。

　[21] 最近のニュースで、同じ日本人でも、店員に大きな声で怒鳴ったりする人がいることを知りました。サービスがいいので、自分のほうが [22] だと思ってしまうのだそうです。サービスが良すぎるのも、あまり良くないのかもしれません。

　でも、私は日本のサービスが大好きです。私が最初に日本を訪れたときに感動したように、良いサービスは多くの人を [23] 。この素晴らしいサービスがなくならないように、お客さんになる人には、マナーを忘れないでほしいと思います。

19

1 感動するべきでした 　　2 感動するつもりでした

3 感動したはずです 　　　4 感動したのです

20

1 そんな店員 　　　2 こんなサービス

3 そんなアルバイト 　　　4 あんな店

21

1 ところが 　　　2 そこで

3 それから 　　　4 なぜなら

22

1 良 　　　2 重

3 上 　　　4 高

23

1 感動させます 　　　2 感動されます

3 感動させています 　　　4 感動されています

실전모의테스트 1회

문법												
문제 1	1 ④	2 ③	3 ③	4 ④	5 ②	6 ③						
	7 ③	8 ④										
	9 ②	10 ④	11 ②	12 ①	13 ①							
문제 2	14 ④	15 ④	16 ④	17 ①	18 ①							
문제 3	19 ③	20 ③	21 ④	22 ②	23 ②							

문법

문제 1 다음 문장의 ( ) 안에 들어갈 가장 적당한 것을 1·2·3·4에서 하나 고르세요.

1 A「駅前にできたカレー屋、すごくおいしいらしいよ。」
B「それじゃ、来週（ ）一度行ってみようか。」

1　まで	2　にも	3　も	4　にでも

정답 **4** A「역 앞에 생긴 카레 가게, 매우 맛있는 것 같아요.」
　　　B「그럼, 다음 주에라도 한번 가 볼까?」

어휘 駅前 역 앞 | すごく 굉장히 | 来週 다음 주 | 一度 한번

해설 「～まで(까지)」,「～にも(~에도)」,「～にでも(~에라도)」 등 확실하게 정하지는 않았지만, 다음 주 정도에 한번 가
보자는 의미를 나타내므로, 정답은 4번 「～にでも」가 되며, 「くらい・ぐらい(정도)」로 바꿀 수도 있다.

---

2 あの子は、面白いことを言って友達を（ ）のが得意だ。

1　笑ってもらう	2　笑われる	3　笑わせる	4　笑わせられる

정답 **3** 저 아이는 재미있는 이야기를 해서 친구들을 웃게 하는 것이 특기이다.

어휘 面白い 재미있다 | 友達 친구 | 笑う 웃다 | 得意だ 잘하다

해설 괄호 안에는 '친구를 웃게 한다'는 사역형 이 와야 한다. 「笑う(웃다)」와 같이 목적어 「を」를 필요로 하는 자동사의
경우, 피사역자(당하는 사람)에게는 「を」를 붙인다. 즉, 예문처럼 「友達を笑わせる(친구를 웃게하다)」가 된다. 선택
지 1번 수수 표현의 경우 「友達に笑ってもらう(친구가 웃어 주다)」가 되며, 선택지 2번 수동 표현은 「友達に笑わ
れる(친구가 (비)웃었다)」이다. 마지막 4번 사역 수동의 경우 「友達に笑わせられる(친구 때문에 어쩔 수 없이 웃
다, 친구가 웃게 했다)」가 된다. 사역형, 수동형, 사역 수동, 수수 표현의 경우에는 조사만 잘 살펴보아도 정답을 간
단하게 찾을 수 있다.

---

3 （ ）去年は練習したのだから、今年は優勝できるかもしれない。

1　これほど	2　それほど	3　あれほど	4　どれほど

정답 **3** 그만큼 작년에는 연습했기 때문에, 올해는 우승할지도 모른다.

어휘 去年 작년 | 練習 연습 | 今年 올해 | 優勝 우승

해설 「これ·それ·あれ(이것·그것·저것)」는 일반적으로 거리상의 개념을 말한다. 거리상의 개념은 한국어와 동일하
기 때문에 큰 문제는 없지만, 기억 속의 개념의 경우에는 예를 들어 '그때 그 사람, 그땐 그랬지' 의 '그' 는 「その」가
아니라 「あの」가 와야한다. 그러므로 정답은 3번이다.

---

4 その雑誌は今よく売れているので、大きな本屋に行っても（ ）買えないかもしれませんよ。

1　できれば	2　かならず	3　できるだけ	4　もしかしたら

정답 **4** 그 잡지는 지금 잘 팔리고 있기 때문에, 큰 서점에 가도 (어쩌면) 살 수 없을지도 모릅니다.

어휘 雑誌_{ざっし} 잡지 | 売_うれる 팔리다 | 本屋_{ほんや} 서점, 책방

해설 「~かもしれません(~일지도 모릅니다)」와 호응하는 부사는 「もしかしたら(어쩌면)」이다. 다른 선택지 「できれば (가능하면)」, 「かならず(반드시)」, 「できるだけ(가능한 한)」 등도 함께 알아두자.

---

5 この辞書は漢字の意味を（　　　）のに、とても便利です。

　　1　調べている　　　　　　2　調べる　　　　　　　3　調べた　　　　　　4　調べられる

정답 **2** 이 사전은 한자의 의미를 조사하는데 매우 편리합니다

어휘 辞書_{じしょ} 사전 | 漢字_{かんじ} 한자 | 意味_{いみ} 의미 | 調_{しら}べる 찾다, 조사하다 | 便利_{べんり} 편리함

해설 「~のに(~하는데)」는 목적을 나타내며 동사의 기본형에 접속한다. 예를 들면, 「これは字_じを書_かくのに使_{つか}います(이 것은 글씨를 쓰는데 사용합니다)」, 「この建物_{たてもの}は建_たてるのに5年_{ねん}かかりました(이 건물은 짓는데 5년 걸렸습니다)」 이다. 목적의 「~のに」 뒤에는 「使_{つか}う(사용하다), 役_{やく}に立_たつ(도움이 되다), 必要_{ひつよう}だ(필요하다), 便利_{べんり}だ(편리하다)」 등 의 사용과 목적을 나타내는 동사가 온다. 시험에 자주 등장하는 문제이므로 잘 알아두자.

---

6 このお茶は、薬（　　　）飲まれているそうだ。

　　1　によっても　　　　　　2　にとっても　　　　　3　としても　　　　　4　に対_{たい}しても

정답 **3** 이 차는 약으로서도 마셔지고 있다고 한다.

어휘 お茶_{ちゃ} 차 | 飲_のむ 마시다

해설 「~として(~(으)로서)」는 입장이나 자격을 나타내는 문법으로, 조사 「も」가 더해지면 「~としても(~(으)로서도)」의 의미를 나타낸다. 즉, 「茶_{ちゃ}」이지만 약으로서도 쓰인다는 입장, 자격을 전달하려는 것이다. 다른 선택지 「~によっても (~에 의해서도)」, 「~にとっても(~에 있어서도)」, 「~に対_{たい}しても(~에 대해서도)」 등도 함께 알아두자.

7　(会社で)

　　中村「どうしたんですか、山口_{やまぐち}さん。お昼食べに行かないんですか。」

　　山口「何も食べたくないんです。風邪でゆうべから食欲がなくて。」

　　中村「風邪なら無理しても何か食べたほうが（　　　）」

　　1　いいですか　　　　　　　　　　　　2　悪いですか

　　3　いいんじゃないですか　　　　　　　4　悪いんじゃないですか

정답 **3** (회사에서)

　　나카무라「어디 아프세요? 야먀구치 씨. 점심 먹으러 안 가요?」

　　야마구치「아무것도 먹기 싫지 않습니다. 감기 때문에 어젯밤부터 식욕이 없어서.」

　　나카무라「감기라면 무리해서라도 뭔가 먹는 편이 좋지 않을까요?」

어휘 風邪_{かぜ} 감기 | 食欲_{しょくよく} 식욕 | 無理_{むり} 무리

해설 「~たほうがいい(~하는 편이 좋다), ~ないほうがいい(~하지 않는 편이 좋다)」는 충고나 조언을 할 때 사용되며, 「~んじゃないですか(~지 않겠습니까?)」는 자신의 의견을 확인, 제안하는 의미를 가진 문말 표현이다. 두 가지를 생각해 볼 때 정답은 3번이 된다. 선택지 1번의 경우 「食_たべたほうがいいですか(먹는 편이 좋습니까?)」는 상대방에 게 조언을 요구하는 문장이 되므로 정답이 될 수 없다.

---

8 A「そういうことなら村上さんという人に相談すればいいと思うんですが、一度会ってみますか。」

B「ええ、（　　　　）ありがたいですね。」

1　ご相談すれば

2　ご紹介すれば

3　ご相談していただければ

4　ご紹介していただければ

> **정답** 4 A「그러한 일이라면 무라카미 씨라는 사람에게 상담하면 좋을 것 같은데, 한 번 만나 보겠습니까?」
> B「네, 소개해 주시면 고맙겠습니다.」
>
> **어휘** 相談する 상담하다 | 紹介 소개
>
> **해설** 무라카미 씨와 상담하면 좋으니 만나보라는 질문에 대해 괄호 안에 들어갈 말은 '소개해 주시면'이 된다. 경어의 수수 표현에서 '~해 주시면'의 공식은 「お(ご)＋ます형(한자어)＋くださる」, 「お(ご)＋ます형(한자어)＋いただく」가 된다. 그러므로 정답은 4번이 된다.

---

9 この映画は前にも何度か（　　　）が、いつ見ても本当にいい映画だと思います。

1　見たばかりです

2　見ています

3　見るつもりです

4　見ようとしました

> **정답** 2 이 영화는 전에도 몇 번 봤습니다만 언제 봐도 정말로 좋은 영화라고 생각합니다.
>
> **어휘** 映画 영화 | 何度 몇 번 | 本当に 정말로
>
> **해설** 괄호 안에는 몇 번인가 봤다는 결과의 상태를 나타내는 「見ている」가 와야 한다. 다른 선택지 「見たばかりだ(본 지 얼마 안 됐다), 見るつもりだ(볼 예정이다), 見ようとする(보려고 한다)는 대입해 보면 정답으로 부적절하다.

---

10 夜眠れなかったので、外に散歩に（　　　）、雲の間からきれいな月が出ていた。

1　出てみても　　　2　出てみるなら　　　3　出てみれば　　　4　出てみると

> **정답** 4 밤에 잠을 잘 수 없어서 밖에 산책하러 나가 봤더니 구름 사이에 예쁜 달이 떠 있었다.
>
> **어휘** 夜 밤 | 眠れる 잘 수 있다 | 散歩 산책 | 雲 구름 | 間 사이, 동안 | 月 달 | 出る 나오다
>
> **해설** 「～と」, 「～たら」의 경우에는 가정법 이외에도 발견의 용법이 있다. 즉, 「～と～た(~하자 ~했다)」, 「～たら～た(~했더니 ~했다)」의 형태로 쓰이기도 한다. 예를 들면 「窓を開けたら(開けると)富士山が見えた(창문을 열었더니 후지산이 보였다)」가 된다. 발견을 묻는 문제에서는 「～と」, 「～たら」를 혼용해서 사용할 수 있다.

---

11 お酒を飲んだ時は、このあいだみたいに車を（　　　）と父に注意された。

1　運転できないように

2　運転したりしないように

3　運転してもいいように

4　運転してしまった

> **정답** 2 술을 마셨을 때는, 요전처럼 차를 운전하거나 하지 말라고 아버지에게 주의 받았다.
>
> **어휘** お酒 술 | このあいだ 요전 | 車 차 | 注意 주의
>
> **해설** 누군가가 한 말을 인용할 때 쓰이는 「～ように(~하도록)」는 「～ようにと」의 형태로 의뢰나 명령을 나타낸다. '술을 마셨을 때는 운전하지 말라고 주의 받았다'가 되어야 하므로, 적당한 선택지는 2번 「運転したりしないように(운전하거나 하지 않도록)」이 된다.

12 (イベント会場の入口で)

入場チケットを（　　　）方はこちらの列に、チケットがない方はあちらの列にお並びください。

1　お持ちの　　　　　2　お持ちする　　　　　3　お持ちになる　　　　4　お持ちになさる

> **정답**　**1** (이벤트 회장의 입구에서)
>
> 입장 티켓을 소지하신 분은 이쪽 줄에, 티켓이 없는 분은 저쪽 줄에 서 주세요.

> **어휘**　会場 회장 | 入口 입구 | 入場 입장 | 方 분 | 列 줄 | 並ぶ 늘어서다

> **해설**　괄호 안에는 '티켓을 소지하신'이 들어가야 하며, 존경 표현 선택지를 선택하면 된다. 존경 표현을 나타내는 선택지는 1번「お持ちの方(소지하신 분)」과 3번「お持ちになる方(소지하실 분)」이 된다. 그런데, 3번이 답이 되려면「お持ちになっている方(소지하시고 계신 분)」가 되어야 하므로 답은 1번이 된다. 2번 선택지「お持ちする~(가질~)」은 겸양어이므로 괄호 안에 들어갈 수 없고, 선택지 4번「お持ちになさる」는「する」의 존경어「なさる」때문에 존경어라고 생각하기 쉬우나「お+ます형+なさる(X)」의 형태는 없다.

---

13 妻「病院の検査の結果、どうだった？」

夫「うん。（　　　）から、心配しなくていいって言われたよ。」

妻「そう、よかった。」

1　大したことはない　　2　大してことはない　　3　大したものはない　　4　大してものはない

> **정답**　**1** 아내「병원 검사 결과, 어땠어？」
>
> 남편「응. 별것 아니니까, 걱정하지 않아도 된다고 했어.」
>
> 아내「그래, 잘됐다.」

> **어휘**　病院 병원 | 検査 검사 | 結果 결과 | 心配する 걱정하다

> **해설**　「大した」는 '대단한, 엄청난'라는 뜻을 가지고 있으며, 뒤에「부정어+ない」가 함께 나오면 '이렇다 할 정도의, 특별한'이라는 뜻이다.「大したことはない」는 '대단치 않다, 대수롭지 않다'로 숙어처럼 쓰이기 때문에 통째로 외워두자.

문제 2 다음 문장의 　★　에 들어갈 가장 적당한 것을 1·2·3·4에서 하나 고르세요.

14 A「あれ？佐藤さんは今日ハイキングに来ないんですか。」

B「さっき電話があって、今　＿＿＿　＿＿＿　＿★＿　＿＿＿あと10分くらいで着くって言ってました。」

1　向かって　　　　　2　ところで　　　　　3　こちらに　　　　　4　いる

> **정답**　**4** A「어머？사토 씨는 오늘 하이킹에 오지 않습니까?」
>
> B「아까 전화가 와서, 지금 이쪽으로 오고 있는 중이고 10분 정도 뒤에 도착한다고 했습니다.」

> **올바른 문장**　さっき電話があって、今　3こちらに　1向かって　★4いる　2ところで　あと10分くらいで着くって言ってました。

> **어휘**　電話 전화 | 着く 도착하다

> **해설**　「~ているところ」는 '~하고 있는 중'이라는 뜻으로, 순서대로 나열하면「向かっているところで」가 된다. 또한, 부사「あと」는「10分ぐらいで」와 접속하여, '앞으로 10분 정도 후면'이라는 뜻이 된다.

15 水族館で子供たちは、初めて ＿＿＿ ＿＿＿ ★ ＿＿＿。

  1　ペンギンを　　　　2　見ていた　　　　3　見る　　　　4　珍しそうに

> **정답**　4　수족관에서 아이들은 처음 보는 펭귄을 신기한 듯이 보고 있었다.

> **올바른 문장**　水族館で子供たちは、初めて　3見る　1ペンギンを　4★珍しそうに　2見ていた。

> **어휘**　水族館 수족관｜初めて 처음｜珍しい 신기하다, 희귀하다

> **해설**　「형용사 어간 + そうに」는 '~인 듯이'라는 뜻이며, '~을 ~인듯이 ~하고 있다'로 배열하면 「ペンギンを珍しそうに見ていた」가 된다. 또한, 「見る」는 「初めて」 뒤에 접속하면 '처음 보는'이 되므로, 정답은 4번이 된다.

---

16 娘にはピアノがひける ＿＿＿ ＿＿＿ ★ ＿＿＿ しません。

  1　ほしいんですが　　　　　　　　　　2　練習しようと
  3　ようになって　　　　　　　　　　　4　わたしが言わないと

> **정답**　4　딸이 피아노를 칠 수 있게 되기를 바랍니다만, 내가 말하지 않으면 연습하려고 하지 않습니다.

> **올바른 문장**　娘にはピアノがひける　3ようになって　1ほしいんですが　4★わたしが言わないと　2練習しようと　しません。

> **어휘**　娘 딸｜練習 연습

> **해설**　능력·상태의 변화를 나타내는 「～ようになる(~하게 되다)」는 대체로 동사의 가능형에 접속하므로, 「ピアノがひけるようになって」가 되며, 뒤에는 「～てほしい(~해 주길 바란다)」가 온다. 또한 선택지 2번과 4번 중 「しません」과 어울리는 것은 「～(よ)うともしません(~하려고 하지 않습니다)」이 되므로 정답은 4번이다.

---

17 学校の先輩の部屋に行ったら、エアコンも ＿＿＿ ＿＿＿ ★ ＿＿＿ びっくりした。

  1　なくて　　　　2　なければ　　　　3　冷蔵庫も　　　　4　ちょっと

> **정답**　1　학교 선배의 방에 갔더니, 에어컨도 없거니와 냉장고도 없어서 좀 놀랐다.

> **올바른 문장**　学校の先輩の部屋に行ったら、エアコンも　2なければ　3冷蔵庫も　1★なくて　4ちょっと　びっくりした。

> **어휘**　学校 학교｜先輩 선배｜部屋 방｜冷蔵庫 냉장고｜びっくりする 놀라다

> **해설**　「～も～ば～も(~도 ~하거니와 ~도)」 문형으로 순서대로 배열하면 「エアコンもなければ冷蔵庫も」가 되므로 정답은 1번이다.

---

18 このチームには日本代表に ＿＿＿ ＿＿＿ ★ ＿＿＿ 選手がたくさんいる。

  1　不思議ではない　　　2　ちっとも　　　3　選ばれても　　　4　くらいの

> **정답**　1　이 팀에는 일본 대표에 뽑혀도 조금도 이상하지 않을 정도의 선수가 많이 있다.

> **올바른 문장**　このチームには日本代表に　3選ばれても　2ちっとも　1★不思議ではない　4くらいの　選手がたくさんいる。

> **어휘**　チーム 팀｜日本代表 일본 대표｜選ぶ 선발하다, 뽑다｜不思議だ 이상하다｜ちっとも 조금도｜選手 선수

> **해설**　「～ても(~해도)」, 「ちっとも(조금도)」는 항상 「～ない(~않다)」와 호응해야 하므로 「選ばれてもちっとも不思議ではない」가 되어 정답은 1번이다.

문제 3 다음 글을 읽고, 글 전체의 내용을 생각해서, 19 ~ 23 안에 들어갈 가장 . 1 · 2 · 3 · 4에서 하나 고르세요.

다음 글은 유학생의 작문이다.

일본에 온지 이제 곧 반년이 됩니다. 일본인 친구가 생겨서 쉬는 날에는 함께 놀러가는 일도 많아졌습니다만, 최근 신경 쓰이는 것이 있습니다.

일본인 친구가 19 사람이 많은 곳이거나 가라오케 등이 대부분입니다. 북적거리고 즐겁지만 피곤한 경우도 많기 때문에 곤혹스럽습니다. 그래서 나는 혼자서 집 근처의 공원을 산책 20 . 마을의 공원으로 녹지가 많아서 차분해질 수 있어서 벤치에서 책을 읽거나 하며 여유롭게 시간을 보냅니다.

21 날, 보통 때처럼 권유 받아서 나는 공원에 가자고 말해 봤습니다. 22 '공원 같은데 가서, 뭘 해?'라고 의외의 얼굴로 질문을 받았습니다. 일본인은 쉬는 날에 공원이나 자연 속에서 보내는 습관이 그다지 없는 것 같고 특히 젊은 사람은 공원은 아이나 노인을 위한 장소라고 생각하고 있는 것 같습니다. 우리나라에서는 세대에 관계없이 공원에 가서 산책을 하거나 한가로이 수다를 떨거나 하는 것이 보통입니다. 나는 일본의 친구와도 그렇게 보내고 싶습니다.

어휘 半年 반년 | 休みの日 쉬는날 | 遊ぶ 놀다 | 疲れる 피곤하다, 지치다 | 落ち着く 안정되다, 진정되다 | 過ごす 보내다 | 誘う 권하다, 권유하다 | 意外 의외, 뜻밖 | 習慣 습관 | 聞き返す 되묻다, 반문하다 | お年寄り 노인 | 世代 세대 | のんびり 한가로이 | 関係 관계 | おしゃべりする 수다 떨다 | 普通 보통

19　1　聞かせてくれる所　　2　話してくれる所　　3　誘ってくれる所　　4　来てくれる所

정답 3

해설 선택지를 살펴보면 1번 「聞かせてくれる所(들려주는 곳)」과 2번 「話してくれる所(이야기해 주는 곳)」은 장소에 관해서 이야기해 주는 것이 아니기 때문에, 부자연스럽고 4번 「来てくれる所(와 주는 곳)」은 문맥상 오답이다. 정답은 3번 「誘ってくれる所(권해주는 곳)」 즉, 사람이 많은 곳이나 가라오케 등이 된다.

20　1　するつもりです　　　　　　　2　しなくなりました
　　3　することが多くなりました　　4　しないで帰りました

정답 3

해설 빈칸 앞의 내용은 일본인이 권해주는 곳은 북적거리고 좋지만 피곤해서 곤혹스럽다고 했으며, '그래서 산책을 하게 되었다' 등의 내용이 들어가는 것이 적당하다. 즉, 정답 3번 「することが多くなりました(산책하는 일이 많아졌습니다)」가 정답이다.

21　1　この　　　　　2　その　　　　　3　あの　　　　　4　ある

정답 4

해설 명사를 수식하는 「ある」는 '어느, 어떤'의 의미를 갖는다. 그러므로 「ある時(어느 때, 어느 날)」이 정답이다. 「ある日(어느 날), ある時(어느 때), ある人(어떤 사람)」 등은 자주 등장하는 표현이므로 잘 알아두자.

22　1　それから　　　　2　すると　　　　3　そのため　　　　4　ところで

정답 2

해설 문맥상 '~했더니, 그러자'가 자연스러우므로 2번 「すると(그러자)」가 정답이 된다. 참고로 「それから(그리고 나서)」, 「そのため(그 때문에)」, 「ところで(그런데)」도 기억해 두자.

　1　過ごすことは無理だ　　　　　　　　2　過ごしてみたい

　　　　3　過ごすことはやめよう　　　　　　　4　過ごしてほしい

정답　2

해설　일본 친구와도 그렇게 보내고 싶다는 희망을 나타낸 2번이 정답이다. 선택지 4번 「過^すごしてほしい(보내줬으면 좋겠다)」의 경우에는 다른 사람에 대한 화자의 희망이나 요구를 나타내므로 정답이 될 수 없다.

실전모의테스트 2회

문법

1 結婚のあいさつにひとりひとりプレゼントを配るなんて、彼女 （　　　　） ですね。

1　みたい　　　　　　2　らしい　　　　　　3　のよう　　　　　　4　だそう

정답 2 결혼 인사로 한 명 한 명에게 선물을 돌리다니 그녀답네요.

어휘 結婚 결혼 | あいさつ 인사 | ひとりひとり 한 명 한 명 | 配る 나누다, 배포하다

해설 「らしい(~인 것 같다)」는 추측 표현 이외에도, 명사에 접속하여 '~답다'라고 해석하는 용법이 있다. 예를 들면 「子供らしい(아이답다)」, 「男らしい(남자답다)」, 「夏らしい天気(여름다운 날씨)」 등이 있다.

---

2 時間がなかったので、散らかった （　　　　） 外出した。

1　ままで　　　　　　2　ところ　　　　　　3　うちに　　　　　　4　とちゅうで

정답 1 시간이 없었기 때문에 어질러진 채로 외출했다.

어휘 散らかる 어질러지다 | 外出 외출

해설 동사 た형 + まま, 명사 + の + まま는 '~상태 그대로, ~인 채로'라는 의미이다. 예를 들면, 「窓を開けたまま(창문을 연 채로)」, 「昔のまま(옛날 그대로)」 등이 있고, 4는 「途中(~도중에)」의 뜻이다.

---

3 この先生のテストでは、いつも同じ問題 （　　　　） 出題される。

1　なんか　　　　　　2　ごとに　　　　　　3　きり　　　　　　4　ばかり

정답 4 이 선생님의 시험에는 언제나 같은 문제만 출제된다.

어휘 同じだ 똑같다 | 問題 문제 | 出題 출제

해설 명사에 접속하는 「ばかり」는 '~만, ~뿐'으로 해석한다. 선택지 1번은 「なんか(~따위·~등, ~하다니)」, 2번은 「ごとに(~마다, ~할 때 마다)」, 3번은 「동사의 た형+きり(~한 채)」이다.

---

4 そんなに気になるなら、一度連絡 （　　　　） どうですか。

1　してみるのが　　　2　してみると　　　3　してみたなら　　　4　してみるのは

정답 4 그렇게 신경이 쓰이면, 한 번 연락해 보면 어떠세요?

어휘 気になる 신경 쓰이다 | 連絡 연락

해설 상대방에게 가볍게 권유, 제안을 할 때에는 「~てはどうですか?, ~のはどうですか?(~하면 어떠세요?)」, 「~しませんか(하지 않을래요?)」의 문형을 많이 쓴다. 2번처럼 가정법 「と」 뒤에는, 「~どうですか(~어때요?), ~よ(う)(~해야지), ~てほしい(~해 줬으면 좋겠다), ~てください(~해 주세요), ~なさい(~하세요), ~てもいい(~해도 된다)」와 같은 질문, 의지, 희망, 청유, 권유, 명령, 허가, 느낌의 문형은 올 수 없다.

5 パソコンの画面を見（　　　　）ら、頭が痛くなってしまった。

1　あやまった　　　　2　つづけた　　　　3　ばかりした　　　　4　だけした

정답 2 컴퓨터의 화면을 계속 보고 있었더니 머리가 아파져 버렸다.

어휘 画面 화면 | 続ける 계속하다 | 頭が痛い 머리가 아프다

해설 「ます형 + 続ける」는 '계속 ~하다'라는 의미이다. 예를 들면 「食べ続ける(계속 먹다), 読み続ける(계속 읽다)」 등이 있다.

6 一人暮らしが（　　　　）大変だとは、想像もしていなかった。

1　こんなに　　　　2　このくらい　　　　3　どんなに　　　　4　どのくらい

정답 1 혼자 사는 것이 이렇게 힘들 거라고는 상상도 하지 못했다.

어휘 一人暮らし 혼자 사는 것 | 大変だ 힘들다 | 想像 상상

해설 2번의 「このくらい(이 정도)」는 우리말로는 자연스럽게 느껴지지만 정도·수량의 대략을 나타내는 표현이므로 일본어 문장에서는 부자연스럽게 느껴진다. 예를 들면 「このくらいの大きさ(이 정도의 크기)」, 「このくらいが適当だ(이 정도가 적당하다)」 등으로 사용된다.

7 来月は長期休暇をとって、旅行（　　　　）行ってこようかと思う。

1　へは　　　　2　にでも　　　　3　には　　　　4　とは

정답 2 다음 달은 장기 휴가를 받아서, 여행이라도 다녀올까 하고 생각한다.

어휘 来月 다음 달 | 長期 장기 | 休暇を取る 휴가를 받다 | 旅行 여행

해설 「(に)でも」는 선택의 폭은 넓지만, 굳이 예를 들어 이야기 할 때 쓰이며 '(예를 들어) ~이라도'로 해석된다. 이 문제의 경우에도 장기 휴가를 받아서 하려고 하는 건 많지만, 그 중 예를 들어 여행이라도 다녀올까하는 의미로 쓰인 문장이다.

8 学生「明日のテストには、黒いボールペンが必要ですか。」

先生「いいえ、それは（　　　　）。」

1　持ってこなくてもいいですよ　　　　2　持ってくる必要がありますよ

3　持っていったらいけませんよ　　　　4　持って行かなくてはなりませんよ

정답 1 학생 「내일 시험에는 검정 볼펜이 필요합니까?」
선생님 「아니요, 그것은 가지고 오지 않아도 됩니다.」

어휘 明日 내일 | 黒い 검다 | 必要 필요

해설 대화문에서는 먼저 대답의 시작이 긍정인지 부정인지를 확인하고 그것과 호응을 이루는 표현을 찾아야 한다. 선택지 2번은 '가지고 올 필요가 있다'라는 뜻이므로 「いいえ」와 호응을 이루지 못한다. 「~たらいけません(하면 안 됩니다)」, 「~なくてはなりません(~하지 않으면 안 됩니다)」은 금지의 의미이다.

9 上司「今日は、A社の社長が（　　　　）予定ですから、応接室の用意をしておいてください。」

部下「はい、わかりました。」

1	おいでになる	2	うかがう
3	まいる	4	おみえとなる

---

10 どうか、退学する（　　　　）言わないでくださいよ。卒業までいっしょにがんばりましょう。

1	さえも	2	ものだと	3	まで	4	なんて

---

11 母親　「100点とるなんて、すごいじゃない。」

子ども「テストの前に友達がノートを（　　　）けど、それがよかったみたい。」

1	見てあげたんだ	2	見せてくれたんだ
3	見させてもらったんだ	4	見ていたんだ

---

12 先生は昔チーズケーキがお好きだったが、年をとられてからは（　　　　）しまったそうだ。

1	めしあがれなくなって	2	めしあがれるようになって
3	めしあがることがやさしくなって	4	めしあがるつもりになって

다. 2번은 「～ようになる(~하게 되다)」, 3번은 「～ことがやさしくなる(~하는 것이 쉬워지다)」이다. 또, 4번의 「～つもりだ(~할 예정, 작정이다)」의 변형 문형인 「～つもりになる」는 부자연스러운 표현이다.

---

13 上司「このプロジェクトへの参加を希望する人はいらっしゃいますか。」

部下「よろしければ、私に参加（　　　　　）。」

1　させていただけませんでしょうか　　　　　2　させてさしあげませんでしょうか

3　してくださってもよろしいでしょうか　　　4　していただいてもかまわないでしょうか

정답　**1**　상사「이 프로젝트에 참가하기를 희망하는 분 계십니까?」

　　　　부하「괜찮으시다면 제가 참가할 수 있을까요?」

어휘　上司 상사 | 参加 참가 | 希望 희망 | いらっしゃる 계시다 | よろしい 좋다 | てもかまわない ~해도 상관없다

해설　주어의 의지를 직접적으로 표현하지 않고 낮추어 허가를 구할 때, 「～させてもらう・～させていただく」의 문형을 쓴다. 부탁과 질문의 뉘앙스가 더해질 경우에는 「～させてもらえませんか」, 「～させていただけませんか」처럼 가능의 부정형으로 물어보는 것이 정중한 의뢰 표현이다. 또한 문장 뒤에 「～でしょうか」를 쓰면 한 층 더 정중하게 들린다. 2번 「～させてあげる(~시켜주다, 하게해 주다)」는 의뢰 표현이 아니라 허가나 방임을 나타내는데, 이 문제에서 「私に」 뒤에는 「～てさしあげる(~해 드리다)」는 올 수 없으므로 주의하자.

문제 2　다음 문장의 ___★___ 에 들어갈 가장 적당한 것을 1・2・3・4에서 하나 고르세요.

14 この問題は、日本だけ ＿＿＿＿ ＿＿＿＿ ＿★＿ ＿＿＿＿ べきである。

1　で　　　　　　　2　地球規模　　　　　　3　考えられる　　　　　4　でなく

정답　**1**　이 문제는 일본뿐만이 아니라 지구 규모로(차원에서) 생각해야 한다.

올바른 문장　この問題は、日本だけでなく地球規模で考えられるべきである。

어휘　地球規模で 지구 규모로 (지구 차원에서)

해설　「～だけでなく(~뿐만이 아니라)」를 먼저 연결하고, 문장 끝의 「～べきだ(~해야 한다)」 앞에는 동사가 와야 하므로 선택지 3을 제일 뒤로 보낸 다음, 2의 명사와 1의 조사를 연결하면 된다.

---

15 彼は、外見が ＿＿＿＿ ＿★＿ ＿＿＿＿ ＿＿＿＿ あるので、文句のつけようがない。

1　学歴まで　　　　　2　いいばかりか　　　　3　あるし　　　　　4　実力が

정답　**4**　그는 외모가 훌륭할 뿐 아니라 실력이 있고 학력도 좋기 때문에 트집을 잡을 수가 없다.

올바른 문장　彼は、外見がいいばかりか 4 実力あるし学歴まであるので、文句のつけようがない。

어휘　外見 외모, 외견 | ～ばかりか ~뿐만이 아니라 | 実力 실력 | 学歴 학력 | 文句をつける 트집을 잡다 | ます형＋ようがない ~할 수가 없다

해설　「A ばかりか B も (C も)～ ので」는 'A뿐 아니라 B도(C도) ~이므로'라는 의미로 두 가지 이상의 이유를 들어 강조하는 표현이다.

---

16 妻「見ていないなら、テレビは消すね。」

夫「いや、聞いて ＿＿＿＿ ＿＿＿＿ ＿★＿ ＿＿＿＿ んだけど。」

1 おいて		2 ほしい		3 いるから		4 つけて	

정답 1 아내「보고 있지 않으면 텔레비전 끌게.」

남편「아니, 듣고 있으니까 켜 뒀으면 좋겠는데」

올바른 문장 いや、聞いているからつけておいてほしいんだけど。

어휘 消す 끄다 | つける 켜다

해설 「〜ておく(~해 두다)」 문형과 「〜てほしい(~해 줬으면 좋겠다)」 문형을 연결 하면 「〜ておいてほしい(~해 두어 줬으면 좋겠다)」가 된다.

---

17 会社が大きく ＿＿＿ ＿＿＿ ★ ＿＿＿ ような気がしてならない。

1 なくなり　　　　　2 前のような雰囲気が　　3 つつある　　　　　4 なるにつれて

정답 1 회사가 커짐에 따라 예전과 같은 분위기가 없어지고 있다는 느낌이 많이 든다

올바른 문장 会社が大きくなるにつれて前のような雰囲気がなくなりつつあるような気がしてならない。

어휘 〜につれて ~함에 따라 | 雰囲気 분위기 | なくなる 없어지다 | 〜つつある (동작이나 작용이 진행 중임을 나타냄) ~하고 있다, ~중이다 | 気がする 느낌이 나다 | 〜てならない 너무 ~하다, 매우 ~하다

해설 「〜につれて(~함에 따라)」 문형은 어느 한 쪽의 변화에 따라 다른 한 쪽도 변화해 간다는 대략적인 비례관계의 의미이다. 그러므로 문장 끝에 변화의 느낌을 유도하는 「ます형 + つつある(계속 ~하고 있다)」가 오면 자연스러운 문장이 된다.

---

18 父は食べながら黙ってうなずくことで、 ＿＿＿ ＿＿＿ ★ ＿＿＿ 。

1 のだ　　　　　　　2 おいしい　　　　　　3 と　　　　　　　　4 言いたい

정답 4 아버지는 먹으면서 말없이 고개를 끄덕이는 것으로 맛있다고 말하고 싶은 것이다.

올바른 문장 父は食べながら黙ってうなずくことで、おいしいと言いたいのだ。

어휘 黙る 침묵하다 | うなずく 고개를 끄덕이다, 수긍하다

해설 앞 문장의 의미만 이해하면 정답을 쉽게 찾을 수 있는 문장이다. '~라고 말하고 싶은 것이다'라는 표현인 「〜と言いたいのだ」를 관용구처럼 기억해 둘 것.

문제 3 다음 글을 읽고, 글 전체의 내용을 생각해서, 19 ~ 23 안에 들어갈 가장 적당한 것을 1·2·3·4에서 하나 고르세요.

일본의 접객 서비스

제가 일본으로의 유학을 결정한 이유의 하나로 일본의 접객 서비스가 있습니다. 저는 유학 전에 딱 한 번 일본을 여행했던 적이 있습니다만, 그 때 접객 서비스에 매우 19 감동했습니다. 예를 들면, 레스토랑에서는 물이나 커피 리필 해주거나, 양복을 살 때 점원이 매장 입구까지 와서 문을 열어주기도 하였습니다. 우리나라에는 20 그런 서비스는 없습니다. 그래서 저는 일본의 서비스를 공부하고 싶어서 유학을 결정하였습니다.

21 그런데 최근 뉴스에서 같은 일본인이라도 점원에게 큰 소리로 고함치거나 하는 사람이 있다는 것을 알게 되었습니다. 서비스가 좋기 때문에 자신이 22 위라고 생각하게 된다고 합니다. 서비스가 지나치게 좋은 것도 그리 좋지 않을지도 모르겠습니다.

그래도 저는 일본의 서비스를 매우 좋아합니다. 제가 처음에 일본을 방문했을 때 감동한 것처럼 좋은 서비스는 많은 사람을 23 감동시킵니다. 이 멋진 서비스가 없어지지 않도록 손님은 매너를 잊지 않았으면 좋겠다고 생각합니다.

150

어휘　接客 접객 | 留学 유학 | 決める 결정하다 | 理由 이유 | 例えば 예를 들면 | お代わり 같은 음식을 더 먹음, 리필 | 洋服 양복 | 店員 점원 | 勉強 공부 | 最近 최근 | 怒鳴る 고함치다, 호통치다 | 訪れる 찾아오다, 방문하다 | 素晴らしい 멋지다 | お客さん 손님 | マナー 매너 | 忘れる 잊다

19　1　感動するべきでした　　　　　　　2　感動するつもりでした
　　　　3　感動したはずです　　　　　　　　4　感動したのです

정답　4

해설　과거에 있었던 사실을 강조하는 표현으로 「～したのだ」가 많이 쓰인다. 1번 「～べきだ(~해야 한다)」, 2번 「～つもりだった(~할 생각이었다)」, 3번 「～はずだ(분명 ~일 것이다)」도 함께 알아두자.

20　1　そんな店員　　　2　こんなサービス　　　3　そんなアルバイト　　　4　あんな店

정답　2

해설　1번과 4번도 답으로 생각할 수 있으나, 앞의 문장에서 일본의 우수한 서비스를 강조하고 있으므로 2번이 정답이다.

21　1　ところが　　　　2　そこで　　　　3　それから　　　　4　なぜなら

정답　1

해설　접속사 앞 단락은 화자가 일본의 접객 서비스를 좋아한다는 내용이고, 접속사 뒷 부분에는 접객 서비스의 부정적인 사례를 들고 있으므로 역접의 접속사 「ところが(그러나)」가 와야 한다. 「そこで(그래서)」는 문제점을 제시한 뒤 해결책을 제시하는 경우, 「それから(그리고 나서)」는 시간의 흐름, 「なぜなら(왜냐하면)」는 원인, 이유를 표현하는 경우에 사용된다.

22　1　良　　　　2　重　　　　3　上　　　　4　高

정답　3

해설　한국어는 지위가 높다(高)고 표현하지만, 일본어의 경우 지위가 위(上)라고 표현하는 것이 일반적이다.

23　1　感動させます　　　　　　　　　2　感動されます
　　　　3　感動させています　　　　　　　4　感動されています

정답　1

해설　일본어의 사역형은 주로 「先生は学生に日本語の単語を覚えさせる(선생님은 학생들에게 일본어 단어를 외우게 한다/외우게 시킨다)」처럼 '누군가를 ~하게 하다, ~하게 만든다'는 의미를 가진다. 그러나 「彼は面白いことを言って彼女を笑わせる(그는 재미있는 말을 해서 그녀를 웃게 한다)」처럼 상대방의 감정을 유발하는 경우에도 쓸 수 있다. 이 문제의 「感動させる(감동받게 한다)」 역시 사역형의 감정 유발 용법으로 사용되었다.